北京市教育委员会社科计划一般项目“‘北京市高等学校参与小学体育发展工作(高参小)’中‘高’‘小’合作模式化研究”项目成果(项目号:SQSM201610029005)

北京市高等学校参与小学体育发展工作开展模式研究

霍笑敏　主　编

北京体育大学出版社

策划编辑　李志诚
责任编辑　李志诚
责任校对　潘海英
版式设计　李沙沙

图书在版编目（CIP）数据

北京市高等学校参与小学体育发展工作开展模式研究/霍笑敏主编. --北京：北京体育大学出版社，2022.2
ISBN 978-7-5644-3617-9

Ⅰ. ①北… Ⅱ. ①霍… Ⅲ. ①小学-学校体育-体育工作-研究-北京 Ⅳ. ①G623.82

中国版本图书馆 CIP 数据核字（2022）第 031296 号

北京市高等学校参与小学体育发展工作开展模式研究
BEIJINGSHI GAODENG XUEXIAO CANYU XIAOXUE TIYU FAZHAN GONGZUO KAIZHAN MOSHI YANJIU
霍笑敏　主　编

出版发行：北京体育大学出版社
地　　址：北京市海淀区农大南路1号院2号楼2层办公B-212
邮　　编：100084
网　　址：http://cbs.bsu.edu.cn
发 行 部：010-62989320
邮 购 部：北京体育大学出版社读者服务部 010-62989432
印　　刷：北京虎彩文化传播有限公司
开　　本：850mm×1168mm　1/32
成品尺寸：140mm×203mm
印　　张：6.125
字　　数：159千字
版　　次：2022年2月第1版
印　　次：2022年2月第1次印刷
定　　价：46.00元

编 委 会

主　编：霍笑敏

副主编：马潇曼　高　天　曹　俊

编　委：刘晓华　高　瞻　李图南　孙　凡
崔广坤　陈　臣　赵　雨　胡　浩
赵建军　谷世军　岳　欣　王　乐
刘　欣　陈　程　李　冰

编者的话

为全面贯彻落实《中共中央关于全面深化改革若干重大问题的决定》中提出的“强化体育课和课外锻炼，促进青少年身心健康、体魄强健”的精神，同时帮助小学全方位、多样化、深层次地开展学校体育工作，充分发挥北京市高等学校、社会力量在体育、美育方面的资源优势和引领作用，全面提升首都基础教育办学水平和教育质量，增进优质教育资源供给和促进义务教育均衡，“北京市高等学校、社会力量参与小学体育、美育发展工作”（以下简称“高参小”）项目于2014年进入正式实施阶段。承担发展结对小学体育工作任务的专业性体育院校有北京体育大学、首都体育学院两所高校。截至目前，项目积累了实际操作的经验，但也遇到了一些现实的问题。

本书旨在产出高校和结对小学之间合作开展“高参小”项目体育工作的模式化成果，理清高校与小学之间的职责分工，有效缓解高校与小学在合作过程中高校专才教育和小学义务教育之间基本理念的差异问题，提高高校与小学的融合度。（从实用、适用的角度，本项目提供了篮球项目资源包，以供其他项目参考，资源包的进一步开发，也是项目组今后继续研究的方向之一。）

本书系北京市教育委员会社科计划一般项目“‘北京市高等学校参与小学体育发展工作（高参小）’中‘高’‘小’合作模式化研究”项目成果。为了保证编写质量，项目组工作人员先后召开了多次编写工作会议。在编写工作和召开会议的过程中，得到了首都体育学院体育教育训练学院、北京体育大学、北京体育大学出版社及“高参小”体育工作开展的各结对小学的全力支持，在此一并表示衷心感谢！

本书由霍笑敏担任主编，负责撰写13万字；由马潇曼、高天、曹俊担任副主编，负责撰写其余部分；由刘晓华、高瞻、李图南等担任编委，并进行串稿，共同完成编写工作。

本书成果力求为促进高校和小学合作效果最大化提供借鉴，也为其他类似项目开展提供参考。值本书出版之际，我们深知本书成果有待丰富。本书只有在实践的检验中才能得到进一步修正与升华，我们欢迎广大专家学者与我们一道深入探讨和研究，为推动高校与小学合作发展做出贡献！

本书编写组

目录

CONTENTS

引 言

为贯彻习近平总书记关于加强学校体育工作的重要指示精神，发挥大学培养人才、服务社会的功能，2014 年，北京市教育委员会颁布了《北京市教育委员会关于高等学校　社会力量支持中小学体育美育特色发展工作的通知》文件，旨在全面贯彻党的教育方针，持续深化素质教育，充分发挥北京高等学校、社会力量在体育、美育方面的资源优势和引领作用，全面提升首都基础教育办学水平和教育质量，提升整体办学水平，帮助中小学全方位、多样化、特色化、深层次地开展体育、美育工作，增进优质教育资源供给和促进义务教育资源均衡。随之，“北京市高等学校、社会力量参与小学体育、美育发展工作”（以下简称“高参小”）项目于 2014 年进入正式实施阶段，首批共有 28 所高校及社会单位与 13 个区县的 146 所小学进行结对开展工作。其中，首都体育学院承担 6 所小学体育工作的发展任务，北京体育大学承担 5 所小学体育工作的发展任务。

高校拥有无可比拟的学科优势、人才优势和科研优势。培养专业人才、开展学科领域科学研究、发挥自身优势服务社会，促进社会进步，是高校的重要使命和基本职能。在“高参小”项目开展过程中，全面深化教育改革，促进义务教育均衡发展，配合并响应“北京市高等学校、社会力量支持中小学体育、美育特色发展工作”的要求，强化结对小学体育课和课外锻炼，促进学生体魄强健、身心健康发展，是北京体育大学和首都体育学院这两所专业体育院校首先应承担的工作任务。

“高参小”项目的创新性极强，是在北京市教委的协调运作下，以多种类的工作形式为媒介，将高校专业特长与小学原有的特色领域相对接，将高校的多方面的资源优势引入小学，以高校专业优势、人才优势和资源优势促进小学相应领域的发展，这种“高”“小”结合、开花结果的工作形式是前所未有的，具有很强的探索性。“高参小”项目是引领小学办有特色、学生学有专长，提升整体办学水平的推进器，旨在全面提升首都基础教育办学水平和教育质量，促使中小学体育、美育工作科学、有序、和谐地发展；也是强化高等学校人才培养、科学研究、社会服务、文化传承创新的办学宗旨的有力举措。截至目前，“高参小”项目开展时长已逾 3 年，通过多方的努力，两所体育专业院校参与小学体育发展的各项工作常规化开展，初步形成了相对稳定的项目开展模式，积累了大量实际操作的经验，但也遇到了一些现实问题。早在项目开展之初，北京市“高参小”工作领导小组办公室主任甘北林在对“高参小”工作开展情况进行总结时就曾经指出：高校与小学在合作过程中有些基本理念的差异问题、高校与小学之间对改革的认识角度同高校选派到小学开展教学的师资在课堂上表现出的经验问题等，是影响项目继续渗透开展的核心要素。因此，总结前期经验，了解两所专业性体育院校参与小学体育发展工作开展现状，尽快形成项目开展的模式化成果，就成为继续推行“高参小”项目体育工作亟待解决的问题之一，也是研究开展的初衷。

1“北京市高等学校参与小学体育发展工作”项目开展情况分析

“高参小”是北京市借助各所专业院校和社会力量，发挥其专业特长，参与小学体育、美育发展工作的举措。“高参小”的教育核心是共同参与小学体育、美育的发展工作，具体到体育工作层面就是在促进小学体育活动开展的同时，对结对小学的校园体育文化建设、专业技能训练等方面提供技术支持，从而达到增强学生体质、促进小学体育工作全面发展的目的，并且要在现有的基础上有所创新。“高参小”项目第一阶段开展时间段为6年，但想要实现“全面提升首都基础教育办学水平和教育质量，不断增进优质教育资源供给和促进义务教育均衡”的目标，则需要更长的时间周期保障和更加奋臂挥汗的建设过程。因此，本研究会随着有关政策和“高参小”项目体育工作的推进，与时俱进地进行相应调整，如此才能有效避免出现研究成果的时效短暂性，才能更加适应“高参小”项目体育工作开展的持续性，最大限度地保障研究成果的有效性。

考虑到结对小学各自的差异性和特色，本研究尝试以篮球运动为例，提供该项目具体操作时可用的资源包，供项目实施者使用。其目的在于最大限度地保障研究成果的实用性和可操作性，为“高参小”项目体育工作的顺利实施，小学体育工作科学、有序、和谐地发展提供支持。本研究旨在产出高校和结对小学之间合作开展“高参小”项目体育工作的模式化成果，理清高校与小学之间的职责分工；有效缓解高校与小学在合作过程中，高校专才教育和小学义务教育之间的基本理念的差异问题；提高高校师资的管理能力，以及高校与小学的融合度。

1.1 项目实施情况

2014 年，北京市教育委员会先后两次发文，揭开了“高参小”项目工作的序幕，北京市高等学校参与小学体育发展工作（高参小）是落实党的十八届三中全会以及中共北京市委十一届四次全会精神的重要部署，“高参小”开展之初的目标设置为：一是要加强和改进小学体育工作，促进青少年身心健康成长，提高学生的人文素养；二是要推动义务教育均衡发展，支持学校办出特色，增加吸引力和影响力，进一步缓解择校矛盾；三是要充分发挥首都各方面资源优势，强化高校与中小学的协作共建、资源共享，不断创新人才培养机制，形成育人合力。其中，承担发展结对小学体育工作任务的专业性高校有北京体育大学、首都体育学院两家单位。

1.1.1 北京体育大学和首都体育学院与小学结对情况

据了解，北京体育大学和首都体育学院这两所体育类专业院校，共与北京市5个城区的11所小学对接开展“高参小”项目。具体结对情况见表1。

表1 两所高校与小学结对情况

高校	北京体育大学	首都体育学院
结对小学	中国农业大学附属小学 北京市海淀区东北旺中心小学 北京市昌平区回龙观第二小学 北京市昌平区回龙观中心小学 北京市昌平区霍营中心小学	北京市东城区和平里第一小学 北京市东城区体育馆路小学 北京市东城区安外三条小学 北京市西城区中古友谊小学 北京第二实验小学玉桃园分校 北京市海淀区民族小学

从表1可以看出，与北京体育大学结对的小学位于北京市昌平区和海淀区，与首都体育学院结对的小学位于海淀区、西城区、东城区。项目开展过程中需要投入大量人力到小学持续地开展系列性工作，结对小学所处位置直接决定了项目开展的可行性和便利性，加之高校向周边辐射范围等因素，所以选取的11所小学所处的地理位置大多数在距离高校5~15千米。

1.1.2 “高参小”项目开展过程中北京体育大学和首都体育学院职责分析

《北京市教育委员会关于成立高等学校 社会力量参与小学体育 美育发展工作领导小组的通知》中明确指出，高等学校、社会力量参与小学体育、美育发展工作组织机构涉及市、区县、高校和社会力量、小学4部分。

相关高校、社会力量单位的主要职责如下。

（1）主管领导牵头成立相关领导小组，落实市级领导小组的部署和决策，遵循小学教育规律和办学规则，认真参与小学体育、美育改革发展工作。

（2）调动本单位优势资源，整体设计对接学校的体育或美育发展规划，围绕学科教学、课外活动、社团组织、教师培训、文化建设、理论研究等方面开展工作，全面提升小学办学水平；及时总结工作经验，积极上报工作信息，探索教育改革发展新路径。

（3）指定部门和人员负责相关工作，认真遴选并组织安排教师和在校研究生或符合条件的相关人员具体参与教育教学等工作，对参与人员要高标准、严要求，强化相关专业培训和管理。

（4）严格遵守财务规定，按照市财政局和市教委联合颁发的经费使用管理办法，合理安排使用专项经费。

与此相对，各结对小学在项目开展工作中的职责如下。

（1）成立由校长牵头的领导小组全面负责此项工作，深化和细化各项方案，认真组织实施。

（2）结合本校办学实际和发展规划，全面配合参与高校、社会力量开展工作，逐步形成办学特色，全面提升育人水平。

（3）结合本项工作，稳妥推进教育教学改革，创建学生课外活动的新机制，加强相关教师队伍的专业化培养和培训，全面提高教育教学水平。

（4）及时总结工作经验，积极上报工作信息，探索和践行首都现代化教育科学、和谐、持久的发展。

从上述高校和小学的职责条例中，可以解读出“高参小”项目在实施的过程中，高校承担的角色更加主导化、核心化。高校开展活动的整体设计要与小学体育发展规划对接，与此同时，还要积极探索改革发展新思路，不舍本逐末。在遴选项目实施人员方面，高校有完全的义务和决定权；同时合理使用经费的任务也交到了高校手中。小学在工作开展过程中，则主要处于配合实施、促进自身进步的定位，结合本校办学实际和发展规划，全面配合参与高校、社会力量开展工作，逐步形成办学特色，全面提升育人水平 。要求各小学既要主动配合，又不能被动接受；既要接纳更为进步的理念方法，又不能舍弃自身原有的特色。因此，高校和小学在“高参小”项目中，二者缺一不可，且高校承担的责任更加重要。

1.1.3 “高参小”项目开展过程中高校参与小学体育工作情况

北京市教育委员会2014年发布的《北京市教育委员会关于高等学校 社会力量支持中小学体育 美育特色发展工作的通知》中关于“高参小”项目的实施内容有以下五点：第一，以弘扬社会主义核心价值观、推动素质教育为主线；第二，以深化、细化学校体育、艺术学科教学为重点；第三，以加强学生体质、提高人文素养为核心；第四，以促进小学体育、艺术教师成长为抓手；第五，以高等学校理论和实践研究优势为依托。这五项实施内容，落实到“高参小”的体育工作中，具体对应的是“学科教学、课外活动、社团建设、教育科研、教师培训”等方面的工作。在与结对小学开展体育工作的过程中，笔者发现北京体育大学和首都体育学院的工作内容丰富多样。

通过表 2 可以看出，截至 2016 年年底，两所高等院校在结对小学开展工作的内容都是围绕“校本课程、课外活动、社团建设、教师培训、相关科研”等几个领域开展的，这与“高参小”项目开展之初的目标较为一致。在校本课程建设方面，超过 60% 的结对小学在高校的协助下开展了 3 门校本课程，这个数量相当可观。此外，高等院校在校本课程建设方面并没有仅仅局限于现场教学，还为完善校本课程体系而开发校本教材，甚至有的学校还研制出了可供课程使用的视频、光盘资料（包括篮球操、身体功能训练等方面），可谓形式多样。在课外活动和社团建设方面，各所小学涉及的运动项目数量不等，首都体育学院结对的 6 所小学较为平均，除了体育馆路小学开展 5 项之外，其他 5 所小学都开展 4 个运动项目；北京体育大学结对小学的开展项目则从 2 项到 11 项不等。在科研工作方面，高校层面开展研究的数量远远多于小学。表 2 中显示，两所高校均已开展了不同数量和形式的科研工作，且研究生在学位论文选题时也将目光聚焦到“高参小”领域，而小学层面的相关人员开展科研工作的积极性还有很大的提升空间。如何提高小学层面教师的科研积极性，是面临的现实性问题。

表2　两所高校“高参小”工作内容情况

学校	结对小学	校本课程	课外活动	社团建设	教师培训	相关科研
首都体育学院	和平里第一小学	3	3	1	有	有
	玉桃园小学	2	2	2	有	有
	中古友谊小学	1	3	1	有	有
	体育馆路小学	2	3	2	有	有
	安外三条小学	3	2	2	有	有
	民族小学	2	2	2	有	有
北京体育大学	东北旺中心小学	3	2		有	有
	回龙观中心小学	3	7		有	有
	回龙观第一小学	3	5		有	有
	霍营中心小学	3	11		有	有
	中国农业大学附属小学	3	9		有	有

“高参小”项目开始之初，两所高校按照规定成立了以学校主要领导任组长、副校长任副组长、相关职能部门负责人及各教学院系负责人为成员的专门工作小组；并组建本校各方面专家团队，按照规定指派专人担任各小学的“兼职校长”，各负其责地开展工作。

2014 年是“高参小”项目开展的第一年，4 月 18 日，北京市教育委员会召开新闻发布会宣布启动“高参小”项目，各项工作进入正式开展阶段。也就是说，2014 年度“高参小”项目开展的时间只有半年多一点。研究过程中，为了了解北京体育大学和首都体育学院两所高校“高参小”项目开展和逐渐完善的过程，我们分年度进行了项目开展总结。

1.1.3.1 北京体育大学开展“高参小”项目情况

1.1.3.1.1 北京体育大学2014年度开展“高参小”项目情况

“小学所盼，高校所能，学生所需”是北京体育大学研讨、探索参与小学体育特色发展工作运行模式的前提和原则。在上述原则的指导下，先期开展的工作是与结对小学确定合作关系，沟通并开展前期调研，进行制度保障性工作——建立规章制度，实行规范管理。在推进参与小学体育特色发展工作中，北京体育大学参与小学体育特色发展办公室制定了《北京体育大学参与小学体育特色发展工作管理办法》等相关管理制度，以确保工作有序进行。

1.1.3.1.1.1 校本课程建设方面

2014年度北京体育大学“高参小”项目首先开展的工作是校本课程的建设，他们为5所结对小学共同设计了名为“快乐体操”“趣味田径”的校本课程，并针对空气污染天气设计制定了适合室内开展的“体能操”。

从表3可以看出，北京体育大学在2014年度开展“高参小”项目过程中，为结对小学开发的校本课程相对统一，就项目初始各单位处于相互适应了解的阶段而言，这样的举措是符合客观情况的，但从表3中也可以看出，在校本课程开发项目上，各所小学也已经开始有不同的项目侧重点，没有完全一刀切。如东北旺中心小学以运动素质课为主要特色，霍营中心小学以武术为主要特色，回龙观第二小学以网球为主要特色，回龙观中心小学以轮滑为主要特色，中国农业大学附属小学以体操为主要特色。

表 3　北京体育大学 2014 年度“高参小”项目校本课程开展情况

学校	校本课程
北京市海淀区东北旺中心小学	快乐体操、趣味田径、运动素质
北京市昌平区霍营中心小学	快乐体操、趣味田径、武术
北京市昌平区回龙观第二小学	快乐体操、趣味田径、网球、足球
北京市昌平区回龙观中心小学	快乐体操、趣味田径、武术、轮滑
中国农业大学附属小学	快乐体操、趣味田径、体操

1.1.3.1.1.2　体育社团和课外体育活动方面

体育社团和课外体育活动是北京体育大学在 2014 年为结对小学开展的又一项重点工作。从表 4 可以看出，5 所小学体育社团建设工作和课外体育活动开展几乎同步，开展的运动项目数量基本一致。在研究过程中发现，除了中国农业大学附属小学，其他 4 所小学体育社团建设和课外体育活动开展的运动项目内容也是一致的。在体育社团方面，为响应校园足球工作，北京体育大学在各小学均开展了足球社团活动、组建了足球队、开展了项目训练营，尽量为每位学生提供适合的锻炼机会。

表4　北京体育大学“高参小”涉及运动项目数量情况

学校	体育社团涉及运动项目数量	课外体育活动涉及运动项目数量
北京市海淀区东北旺中心小学	2	2
北京市昌平区霍营中心小学	8	8
北京市昌平区回龙观第二小学	5	5
北京市昌平区回龙观中心小学	9	9
中国农业大学附属小学	5	3

1.1.3.1.1.3　科研工作方面

2014年，北京体育大学结合“高参小”相关工作任务，科研团队在全校范围内公开征集研究课题，共上报3项科研选题；与此同时，还采集了5所结对小学学生的体质健康测试数据，对学生体质健康情况有更加深入、全面的了解，为下阶段有计划、有针对性地进行锻炼提供了依据。

1.1.3.1.2　北京体育大学2015年度开展“高参小”项目情况

2015年度，“高参小”项目涵盖了小学一、二年级；而项目涵盖人数上的增加，则需要北京体育大学提供更多的人力和物力。

1.1.3.1.2.1　校本课程建设方面

根据项目工作的目标任务，结合教育部发展义务教育阶段体育教育的总体构想，北京体育大学2015年为结对小学详细地制定了田径、篮球、排球、足球、武术、体操6个项目的锻炼标准；并在之前的基础上结合新制定的标准，为小学开发田径、篮球、排球、足球、武术、体操，以及适合风雨雾霾天气的室内活动课程，帮助改进个别小学原有的特色体育课程，完善了小学的校本课程体系。在5所“高参小”小学中，参与校本体育课程学习的一、二年级学生人数达到了2 000人，参与校本课程建设工作的兼职教师达到了80人。

1.1.3.1.2.2 体育社团与课外体育活动方面

2015年度，北京体育大学根据各小学的不同需求，结合牵头院系特点，逐步在小学课外活动期间开展足球、篮球、乒乓球、网球、武术、跳绳、集体舞等25个项目的体育社团活动。其中，“校园足球”仍作为重要的一项活动在5所小学中开展。学生们平时在自己学校训练，周末可以到北京体育大学参与训练，这种模式受到学生和家长们的欢迎。由于在社团组建中始终本着让大多数学生受益的原则，体育社团的受益人数已接近体育教学的受益人数，达到了1 716人。参与到课外体育活动与体育社团工作中的兼职教师也达到了79人。

1.1.3.1.2.3 科研工作方面

2015年年初，北京体育大学在全校范围开展了“高参小”科研教研项目立项申报工作，共申报了32项。经团队组织专家评审，最后确定对10个项目进行立项。针对小学体育工作亟须解决的科研问题，学校组织了科研教研团队负责相关工作。2015年，“高校参与小学课程设计的实践与研究”被立为市级教改课题，为提高小学教师的科研能力、增加研究的可行性，并为今后成果转化提供了良好的保证。此外，北京体育大学将“高参小”科研项目全部纳入学校科研体系，除了“高参小”项目的专项经费支持，学校科技处还配套了专项经费给予资助，鼓励学校教师开展相关领域的科研工作。北京体育大学把改善学生的体质作为“高参小”工作的主要任务。

自2014年10月开始，北京体育大学对5所小学的全部一年级学生进行每年一次的追踪监测，并将其作为项目开展和修订的依据，这在一定程度上体现了目标明确、依据充分的原则。

1.1.3.1.2.4　校园体育文化建设方面

校园体育文化建设是一项需要长期融入的工程，也需要从多个角度逐步开展。2015年度，北京体育大学“高参小”工作团队加大了对结对小学校园体育文化建设的力度，结合所在小学的整体发展方向和现状建设校园体育文化。他们的经验是：校园体育文化是小学整体文化的一部分，应结合小学的教育理念，在整体的育人过程中寻找体育的文化定位；校园体育文化建设需要从多个角度逐步融入，涉及校长、教师、学生和家长，其中校长是开展校园体育文化建设的关键抓手。

1.1.3.1.2.5　教师队伍提高方面

北京体育大学“高参小”教师培训工作组在2015年共进行了44次培训活动，共计81学时；培训对象是结对小学体育教师和派驻小学开展工作的教师；培训的形式包括理论讲座、技能提高等。对体育教师的培训内容并不局限于体育课堂教学，而是引入更多母学科，例如教育学、心理学的内容。体育教育专家与小学教学名师相结合开展讲座，这样的组合既具有理论高度，又能够解决现实问题。北京体育大学体操教研室和田径教研室负责“快乐体操”和“少儿田径”校本课程开发与培训。从课程理论、动作技术和技能到教学教法的系统培训，小学体育教师和“高参小”教师收益很大。

1.1.3.1.3 北京体育大学2016年度开展“高参小”项目情况

1.1.3.1.3.1 体育教学方面

在体育教学方面，北京体育大学在2016年春季学期负责5所小学一、二年级的校本体育课程教学工作。5所小学针对一、二年级均开设了快乐体操和趣味田径课程。根据牵头院系的特色、小学的需求以及小学的基础设施条件，不同学校的不同年级开设了足球、武术、篮球、身体素质、攀岩等特色校本课程。北京体育大学在2016年的上半年共派出87名兼职教师，承担5所小学的体育校本课程，总课时量为4 229.5学时。

2016年秋季学期，北京体育大学在负责一、二年级体育校本课程教学的基础上，承接三年级的体育校本课程教学。本学期在5所小学的一至三年级均开设了快乐体操和趣味田径课程，在三年级统一开设了足球课程。同时，北京体育大学根据各个学校的不同需求、基础设施条件及季节特点，增加了身体素质、滑冰、滑雪等特色校本课程。北京体育大学在2016年的下半年共派出94名教师，承担5所小学的体育校本课程，总课时量为4 519.5学时，受益学生为3 550名。

据了解，校本课程由北京体育大学“高参小”项目专家团队协助小学开发，以高校兼职教师为主（小学本校教师协助）进行授课。学校给每所小学开展的校本课程配备指导教师，指导教师定期对兼职教师在上课过程中遇到的各种问题进行指导。

1.1.3.1.3.2 体育社团与课外体育活动方面

在体育社团建设方面，北京体育大学根据各个小学的不同需求，结合牵头院系的特点和高校的各种资源在小学开展体育社团和课外体育活动。2016 年春季学期，5 所小学共开展了 25 个项目的体育社团和课外体育活动，总课时量达 2 821 学时，受益学生达 3 583 名。2016 年秋季学期，各个学校根据之前体育社团和课外体育活动开展的情况、学校的需求及季节等原因，对体育社团和课外体育活动课进行调整，在 5 所学校共开设 24 个项目的体育社团和课外体育活动，总课时量达 2 615 学时，受益学生达 3505 名。

1. 1. 3. 1. 3. 3　校园体育文化建设方面

校园体育文化建设是学校教育的重要组成部分，是展现学校特色的重要平台，也是“高参小”项目的内容之一。北京体育大学结合各所小学教育特色，投入精力到各小学的校园体育文化建设工作中，在满足各小学体育教育需求的同时，营造出浓厚的体育氛围，充分展现各小学的体育文化特色。2016 年度共开展校园体育文化建设活动 49 次，主要形式包括嘉年华活动、各类竞赛、表演、观摩等。

1. 1. 3. 1. 3. 4　师资培训方面

提高小学教师的能力是“高参小”项目形成长效机制的关键，“高参小”项目教师的教学水平也是开展教学及课外活动的质量保证。2016 年北京体育大学教师培训团队共组织了 19 次培训活动，目的在于提高小学教师和兼职教师的教学能力，完善教师体育教学相关理论知识，解答兼职教师在教学中遇到的各种困惑，进一步提高“高参小”项目的整体教学水平。

1. 1. 3. 1. 3. 5　科研与教研工作方面

北京体育大学选派骨干教师任各小学的兼职校长，他们在各小学组织了多次兼职教师与所在小学体育教师的联合教研活动。在联合教研活动中，双方就“高参小”项目体育课程的教学内容、教学方法，以及双方联合教学的形式等多种多样的工作内容展开讨论。通过双方联合教研，明确了各个小学的不同需求，统一了双方的体育教学目标，使“高参小”项目有了更进一步的发展。与此同时，针对5所小学体育工作中出现的问题，北京体育大学共开展了与“高参小”相关的各类科研项目12项，希望通过科学研究解决在实际工作中遇到的各种各样的问题。

1.1.3.2 首都体育学院开展“高参小”项目情况

1.1.3.2.1 首都体育学院2014年度开展“高参小”项目情况

1.1.3.2.1.1 工作形式方面

与北京体育大学不同，首都体育学院“高参小”项目团队在2014年项目开展之初，并没有马上在校本课程建设方面投入精力，而是主要抓了“课外活动、助教体育课程、参与体育竞赛和与高校开展互动”四个方面。在工作实施初期，首都体育学院和小学合作的重点是探寻小学体育课如何创新性地开展学科教学改革、如何发挥课堂教学主渠道作用，以及育人规律，为今后学校体育教育专业人才培养提供最权威的依据。另外，课外体育活动也已经全面开展，不只是各结对小学原有的特色项目，而且是在发展学生身体素质的前提下，开展丰富多彩的体育活动，促进学生体质健康达标。

从实际情况来看，结对小学学生对于足球、篮球、排球等集体项目更感兴趣，参与的意愿更加强烈；特别是足球项目，无论是学校、家长还是学生，都希望能够大范围地开展。首都体育学院结合集体运动项目的特点及各结对小学的现有条件，制定了“先普及再提高”的发展模式：先在一年级学生范围内进行运动项目认知和体验的全覆盖，引导学生了解足球等体育项目，感受该项运动的魅力，待所有学生对该项目有一定认识，并掌握一定技能之后，再根据学生的兴趣和学校的能力挑选部分学生进行提高培养。

首都体育学院自2014年4月着手启动“高参小”项目相关工作以来，先后与6所小学顺利结对，并挂牌开展工作。其依托高校优质的教育资源和教学平台，为小学带去了多方面的优势资源。

1.1.3.2.1.2　工作内容方面

首都体育学院“高参小”项目涉及足球、篮球、排球、武术、田径、体操、体育舞蹈、国际象棋等运动项目。为满足结对小学的实际需要，首都体育学院为小学创编了足球操、篮球操、武术操及各种体育游戏活动，以丰富小学的课余体育活动，培养学生对于体育的兴趣和爱好。为了配合开展体育活动，“高参小”项目团队在小学重新划分了场地区域，使得场地利用率和运动安全性得到大幅度提高；配合小学班级活动，协助班主任教师组织班级体育活动或比赛，保证学生每天保持一定的锻炼时间。所有的工作实际上都是围绕加强学生体质、培养学生对体育的兴趣展开的，希望让结对小学的学生真正热爱体育、参与体育、提高体质。

1.1.3.2.1.3　师资培训方面

首都体育学院利用2014年下半年的项目开展时间，组织6所结对小学体育教师参加了两次大型培训活动，内容为“青少年身体功能训练”和“3C脑体双优课程培训”；多次参与东城区体育教师的培训工作，选派专家进行讲学，并把教师培训工作放在比较重要的环节。

1.1.3.2.1.4　校本教材开发方面

首都体育学院以高等教学理论和实践研究优势为依托，结合小学的实际需求和相关教师的研究方向，确定了5项校级教学改革重点项目，启动了10余本有关小学体育教育教材的编写工作，足球、篮球、田径等教学视频的拍摄也已在计划之中。在实践和研究过程中，首都体育学院十分注重对于小学体育教师理论研究能力的培养，全部科研项目均有小学体育教师参与其中。

1.1.3.2.2 首都体育学院2015年度开展“高参小”项目情况

1.1.3.2.2.1 体育教学方面

结合6所结对小学目前的体育课程开展情况和各学校的实际教学条件，首都体育学院教师与6所小学教师共同备课，关注所有学生，引领、优化、拓展小学体育课程内容。首都体育学院先后在北京市东城区和平里第一小学的一、二年级开设小篮球课程、儿童啦啦操课程，在三至六年级开设花式篮球、校园啦啦操课程；在北京市海淀区民族小学开展武术进课堂活动，主要以武术段位制为教学大纲，普及国家武术段位制，以一年级学生为对象，每周每个班一次课，授课教师以兴趣为主，让学生感受武术文化，提高学生对武术的了解与认识；在北京第二实验小学玉桃园分校开设学生体能兴趣班和田径趣味游戏课程。在北京市东城区安外三条小学，足球进课堂“课课练”项目因首都体育学院的加入而得到充实与完善，形成了具有推广价值的“五分钟足球小游戏——课课练”。

1.1.3.2.2.2 课外活动方面

2015年，首都体育学院组建了由博士生导师、教研室主任、骨干教师、运动健将、研究生、本科生等近80人组成的团队，为结对小学课外活动提供足球、篮球、田径、武术、健美操、啦啦操、体育游戏、跆拳道、排球、国际象棋、身体运动功能训练等运动项目服务，共计万余课时；在组织安排上，以提高学生体质和素养为出发点，全面覆盖一、二年级；在活动内容和形式上，从兴趣入手，采取社团活动、体育俱乐部活动和代表队训练等形式。

【案　例】

北京市海淀区民族小学为了保证“高参小”项目的开展，坚持普及与提高相结合，体育项目校队和兴趣班在全校所有兴趣班开始报名前进行了选拔，包括：足球校队 20 人、梯队 30 人、两个普及班 40 人，共 90 人；竞技健美操 10 人、大众健美操 20 人、啦啦操队 20 人，共 50 人；跆拳道校队 20 人、普及班 20 人，共 40 人；武术校队 24 人、兴趣班 3 个班共 60 人，总计 84 人；国际象棋校队 20 人、提高班两个班 40 人、普及班 40 人，共 100 人；围棋班 20 人。在所有项目校队和兴趣班中，共计 384 名学生参与了“高参小”项目。在“高参小”项目中，北京市海淀区民族小学直接受益学生达 704 人。每周有 1 000 余人次参与“高参小”项目。足球、武术、健美操、跆拳道项目能够保证校队的每个学生每周 3 次练习频率。

1.1.3.2.2.3　校园体育文化建设方面

2015 年度，首都体育学院以各类体育节作为结对小学校园体育文化建设的重点工作，一年内先后与结对的 6 所小学共同举办了多种多样的体育节，如与北京市东城区和平里第一小学举办“七彩阳光体育节”及一、二年级的“小豆包运动会”，与北京市东城区安外三条小学举办“快乐少年”足球节、“地坛体育文化节”，与北京市海淀区民族小学举办“武术节”等；还与 6 所小学合作，在首都体育学院举办了“圣诞篮球嘉年华”和“足球嘉年华”等融趣味活动、表演、竞赛为一体的体育文化节。这些活动增进了院校之间、生生之间、师生之间、家校之间的文化交流，促进了高校与小学校园体育文化的融合，达到了文化育人、强健体魄、快乐发展的目的，为更好地开展北京高校参与小学体育发展项目奠定了基础。

1.1.3.2.2.4　师资培训方面

首都体育学院根据6所小学体育教师的整体情况和各自实际需求，进行培训和教研活动，主要通过以下几个渠道来提高结对小学体育教师专业水平：一是依托首都体育学院专家团队优势，为6所结对小学开设了教师专项培训，介绍新的国际前沿的体育教学理念和训练方法，先后举办了“青少年足球教学与训练”“传统校骨干教师培训”等活动。二是根据各所小学的具体需求，直接派出专家到小学讲课、答疑和参与教研活动。三是邀请结对小学部分体育教师参与首都体育学院承担的一些教材、课题研究，如邀请结对小学部分教师参与教育部中美文化交流项目——“NBA进校园”篮球教学大纲的研制。

1.1.3.2.2.5　科研工作方面

首都体育学院专家团队与小学教师一道，开展校本教材与教学视频资料的研制工作。有16本校本教材已将稿件交付出版社，正在出版中；24盘体育运动项目学习视频资料正在筹备拍摄中。6所小学的校本教材与教学视频涵盖足球、篮球、国际象棋、武术、田径等项目。与此同时，首都体育学院鼓励兼职教师充分利用“高参小”项目平台，申报北京市教育委员会教改项目，有两人以“高参小”项目为选题，获得北京市教育委员会教改立项；鼓励在校研究生，以

“高参小”项目为研究方向，开展深入、系统的研究。目前，有多名研究生的毕业论文以“高参小”项目开展为研究对象，分别进行了《一般体能训练对学生身体素质影响的实验研究——以北京第二实验小学玉桃园分校为例》《趣味田径教学法对学生身体素质影响的实验研究》《不同组合练习影响学生体质健康的实验研究》等研究。

1.1.3.2.3 首都体育学院2016年度开展高参小项目情况

1.1.3.2.3.1 体育教学方面

北京市“高参小”领导小组办公室主任甘北林曾在“高参小”2015年、2016年工作总结大会上不止一次强调学科教学是“高参小”工作的重中之重。如何引导和指导小学创新性地开展学科教学改革，发挥课堂教学主渠道作用，探寻育人规律、破解教学难题、提高教学质量，是高校和小学共同面临的一个挑战和机遇。在上述前提下，首都体育学院发挥自身专业优势，结合小学体育工作特色开发校本课程，为结对小学体育课程的多样化和系统化提供了帮助。其中，北京市东城区安外三条小学3门课程（足球基础、足球游戏、儿童街舞）、北京市东城区和平里第一小学3门课程（少儿篮球、花式篮球、啦啦宝贝）、北京市东城区体育馆路小学2门课程（篮球基础、篮球操）、北京第二实验小学玉桃园分校2门课程（趣味田径、体能训练）、北京市西城区中古友谊小学1门课程（足球基础）、北京市海淀区民族小学2门课程（武术基础、跆拳道）。从课程设置来看，开发的校本课程基本符合各校的办学传统和特点，为巩固体育特色做出了努力。

首都体育学院2016年参与结对小学体育工作的课时量过万，受益学生 4 500 余人。充分利用专业优势，结合 6 所结对小学目前的体育课程开展情况和各学校的实际教学条件，首都体育学院教师与 6 所小学教师一道，共同备课，根据不同学段的学生共开发 13 门校本课程。此外，为配合 2022 年北京—张家口冬季奥林匹克运动会申报成功，更好地推进校园奥林匹克教育，让学生了解奥林匹克知识，理解奥林匹克精神，首都体育学院为 6 所结对小学开设讲座式课程——奥林匹克大讲堂，巡回传授奥林匹克知识。

1. 1. 3. 2. 3. 2　体育社团方面

与北京体育大学“高参小”项目开展相似，体育社团建设也是首都体育学院“高参小”项目的重头戏之一。首都体育学院将社团建设工作的重点放在运动队训练和课外体育活动上，受益学生达 4 000 人，主要集中在篮球、足球、排球、啦啦操、武术等项目上。在人力资源方面，首都体育学院“高参小”团队为 6 所小学提供了大量的专业性指导和协助工作。2016 年下半年，仅体育社团建设一项就为 6 所小学提供了总量超过 1 580 个课时的专业指导。充足的学时数为学生在体育社团活动中真正受益提供了有力保障。

1. 1. 3. 2. 3. 3　校园体育文化建设方面

首都体育学院在“高参小”项目实施的过程中，针对校园体育文化建设主要做了以下几个方面的工作。

加强校园体育文化景观（长廊）建设。根据各小学的办学理念和体育项目特色，帮助小学改造升级校园规划方案，增加校园体育文化内涵，使得校园更加具有体育文化气息，符合小学的办学理念。

“高参小”项目在实施的过程中，不但工作人员走进小学参与体育工作，同时为了让学生亲身感受体育文化，直观了解体育运动，充分利用北京市多元文化中心的优势，首都体育学院利用赛事资源，与结对小学协商组成了以学生、家长、教师为成员的“高参小”体育文化观摩团，将学生请出校门，为学生提供观摩国内、国际体育赛事、表演的机会。首都体育学院多次组织学生、教师和家长观摩高水平篮球（CBA）和排球比赛，促进学生、教师和家长对体育运动的理解，为各小学体育文化软实力的建设提供了有力支持。

本学年观摩团的小成员先后走进北京大学生体育馆、国家体育中心（鸟巢）、万事达体育中心观摩了全国体育院校体育艺术节汇演、全国男子排球联赛、“沸雪”北京世界单板滑雪赛、CBA 联赛首钢队与佛山队的比赛。另外，嘉年华活动、赛事表演活动和名人入校活动都是校园体育文化建设的开展形式。

1.1.3.2.3.4　师资培训方面

首都体育学院兼职教师的人员构成主要来自 3 个方面：一是首都体育学院校内教师；二是首都体育学院校内专业的研究生（具有教师资格证）及运动等级较高的本科学生，研究生和本科生人数比例最大，占到总数的近 80%；三是外聘教师，主要担任运动队教练员或专业指导人员。除此之外，首都体育学院也为每所小学聘请了督导工作人员，帮助和促进兼职教师在小学开展工作。在工作人员数量方面，截至 2016 年年底，首都体育学院选派的“高参小”兼职教师有 130 余名，相对于“高参小”项目刚起步时增加了 62.5%。随着“高参小”项目的推进，非首都体育学院教师的聘请数量逐步增加，为“高参小”项目注入了多元化的元素，促进了“高参小”项目的健康运行。

1.1.3.2.3.5 科研工作方面

截至2016年年底，首都体育学院“高参小”项目团队正在进行和完成的与“高参小”项目相关的科研成果达到了84项。主要包括以下几项。第一，校本教材的研制。首都体育学院专家团队与小学教师一道，开发校本教材与教学视频资料。6所小学的校本教材与教学视频涵盖足球、篮球、国际象棋、武术、田径等几个项目。校本教材开发19册，课题立项9项，视频光盘26套，科研论文22篇，课程改革方案8项。第二，将首都体育学院身体运动功能训练等科研成果运用到小学体育教学中，推动了小学体育的课程建设、课外训练等，提升了教学效果。第三，鼓励首都体育学院兼职教师充分利用“高参小”项目平台，完成市教育委员会教改项目2项。团队在进行科研工作的同时，还着力培养结对小学教师的科研能力和科研意识，力求“授人以渔”。目前，参与“高参小”项目科研团队的小学教师人数已经达到了两位数，并且这一数字还在增长中。

1.1.3.2.3.6 其他工作方面

除上述方面之外，首都体育学院结合小学需要，开展针对特殊群体的活动。在东城区体育馆路小学，首都体育学院“高参小”项目工作团队通过锻炼帮助体重超标的学生降低体脂、增强身体素质，这一活动形式被称为“特别行动小组”计划。

另外，在物力资源方面，首都体育学院根据结对学校的实际需求，为6所结对学校提供了篮球、足球、排球、跳绳、绳梯、体操棒、瑜伽球，以及各种体育服装和辅助器械，并为几所活动场地不足的小学提供了场地租赁援助，学生活动场地与器材不足的情况得到了一定的改善。在财力资源方面，在严格遵守“高参小”项目经费管理办法的前提下，首都体育学院合理运用“高参小”项目专项经费帮助小学进行体育设施建设、教材研制、教师聘请、学科建设等工作。经费中约50%用于教师劳务费，其余用于支持小学体育活动的各项开支。经费的落实给结对小学体育工作的开展带来了巨大的实惠。

“高参小”项目开展之初，“支持中小学特色发展工作要整体设计、缜密实施，不越位、不缺位”是最基本的工作要求。就目前看，两所高校参与小学体育工作发展的领域均涉及了校本课程、社团建设、文化建设、科研、师资培训等方面，“不缺位”的状态基本实现；与此同时，“高参小”项目团队并无介入正常的体育课教学过程中，也做到了“不越位”。在高校的参与下，小学的体育工作开展得更加丰富多样，如课外体育活动与体育社团的开展不仅丰富了学生的课余生活，还能让他们学到一些新的体育技能；同时，课外体育活动也提高了学生的身体素质，如通过课外体育活动和体育社团的开展，在部分项目中发现优秀的学生，并在部分小学成立校运动队，带领校运动队参加比赛或在大型活动中进行表演，这在校园体育文化建设中发挥了重要的作用，并总体呈现出了相互促进的发展态势。高等学校紧紧围绕学校文化建设、学科课程教学、学生社团发展、教师培养培训、理论实践研究5个方面加以支持。抓住重点、真心投入、有效实施，将目标落实到培养学生素质、促进学生个性发展上。出实招、使实劲，支持小学真正彰显办学特色。

截至2016年，北京体育大学和首都体育学院开展“高参小”项目工作不到3年时间，工作的开展已经逐步完善起来，与结对小学的合作默契程度从工作领域的逐年递增可见一斑。开展活动的内容和次数呈上升趋势，目前已经达到了一个相对稳定的阶段，相应的主体活动和辅助工作进展顺利，度过了最初的磨合期，可以说“高参小”项目的开展进入了一个相对较平稳的阶段。

1.2 官方管理情况

1.2.1 “高参小”项目开展过程中管理机构总体设置情况

根据《北京市教育委员会关于成立高等学校 社会力量参与小学体育 美育发展工作领导小组的通知》，高等学校、社会力量参与小学体育、美育发展工作组织机构涉及市、区县、高校（社会力量）、小学4部分，分别是“高等学校、社会力量参与小学体育、美育发展市级领导小组及其办公室”“区县教委”“高校、社会力量”“小学”四级单位。其中，“高等学校、社会力量参与小学体育、美育发展市级领导小组及其办公室”下设两级部门——“市级领导小组”和“市级领导小组办公室”。

“市级领导小组”的主要工作职责是统筹、协调参与此项工作的高校、社会机构与相关区县教委、学校洽接和合作等事宜；制定全市高校、社会力量参与小学体育、美育发展工作规划及年度计划。“市级领导小组办公室”的主要工作职责是贯彻市级领导小组的工作精神，落实决策、规划和任务；配合开展指导、推进和检查、督评等相关工作的组织实施；组织召开专项工作会议或开展相关调查，及时掌握高校、社会力量和各区县及有关学校的工作进展状况，上报、总结、推广工作中的经验；在北京市教育信息网上开设专项网页，负责维护网络信息。“区县教委”的主要工作职责是统筹推进本区域相关工作；贯彻上级精神，组织本区县有关学校做好与高校、社会力量单位的对接和协调工作，搭建体育、艺术交流活动平台，展示相关成果，进行开展情况的监督。高校和小学的职责前文已有阐述，在此不再赘述。就机构设置和职责分工来看，“高参小”项目各管理环节职责明确，职能分工合理，衔接较为平滑，具有合理性。

1.2.2 “高参小”项目开展过程中北京体育大学和首都体育学院管理机构设置情况

管理机构设置指的是管理所采用的基本方式，是指一种成型的、能供人们直接参考运用的完整的模式。根据自身机构设置和项目开展需要，两所高校内部负责与结对学校开展项目的组织机构设置不同，详见表5、表6。

表5 北京体育大学各牵头单位与各小学对接情况

牵头单位	对接小学
教育学院	中国农业大学附属小学
社会体育系	北京市海淀区东北旺中心小学
武术学院	北京市昌平区霍营中心小学
竞技体育学院	北京市昌平区回龙观第二小学
体育艺术系	北京市昌平区回龙观中心小学

表6 首都体育学院各牵头单位与各小学对接情况

牵头单位	教研室	对接小学
体育教育训练学院	篮球教研室 足球教研室 田径教研室	北京市东城区和平里第一小学 北京市东城区体育馆路小学 北京市东城区安外三条小学 北京市西城区中古友谊小学 北京第二实验小学玉桃园分校 北京市海淀区民族小学

在管理层次上，两所高等院校采取了不同的方式。经了解，北京体育大学和首都体育学院两所高等院校在“高参小”项目实施的过程中，都各自建立了项目领导小组，以确保工作的顺利进行。两所高校“高参小”项目的领导体系较为相似——负责组长都由校级领导担任，下设项目工作办公室，并且选派骨干教师担任基地校兼职校长。

从表5、表6可以看出，北京体育大学以院系负责制为主，在“高参小”项目领导工作小组领导下，由5个校内中层单位牵头负责对接5所小学开展工作，每个院系各负责一个对接小学。各牵头单位任命一名骨干教师担任对接小学的兼职校长，承担联络沟通、组织实施、检查督促任务。在此基础上，北京体育大学成立了支持小学体育特色发展的专家团队，负责开展相关工作。专家组成员由田径、篮球、排球、武术、足球、体操等运动项目的骨干教师组成，为项目工作开展提供专业指导；另外还有培训和科研两个辅助工作小组，从多方面协助“高参小”项目工作的进行。

首都体育学院采取的方式是相对集中化管理。如图 1 所示，首都体育学院“高参小”项目工作人员结构呈四级管理模式，分别是校级主管领导、处级主管领导、兼职校长、教师团队。主要从项目开展和资源便利性的角度出发，体育教育训练学院为主要的中层牵头单位，将“项目策划和实施”交由体育教育训练学院总体进行。在具体的工作开展过程中，6 所小学根据具体情况被划分到了 3 个教研室当中。其中，东城区和平里第一小学和体育馆路小学是北京市篮球传统学校，所以被划分到了篮球教研室，由篮球教研室的教师担任其兼职校长；东城区安外三条小学和西城区中古友谊小学因为足球项目是特长，被划分到了足球教研室，由足球教研室的教师担任其兼职校长。兼职校长负责和小学协调沟通，并且整合本高校内人员、物力等资源，共同开展工作，与小学校方和相关负责人对接的任务主要由兼职校长和处级主管领导完成。工作程序和管理层次相对合理。这种管理层次至今沿用。

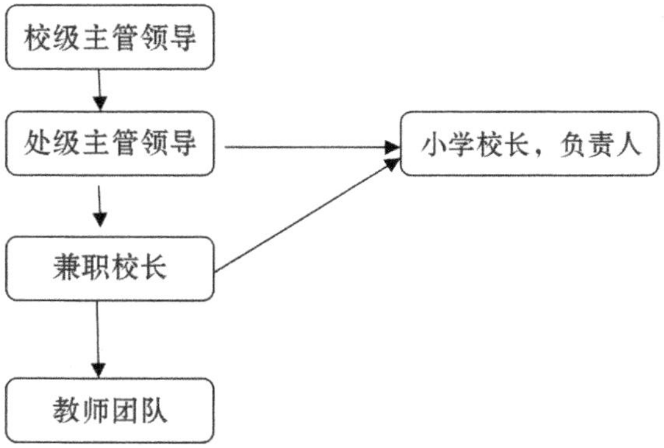

图 1　首都体育学院“高参小”项目工作人员结构

1.3 “高参小”项目兼职教师配备情况

为项目配备教师是实施“高参小”项目的首要条件，所谓“巧妇难为无米之炊”，北京市教委的政策最终还是要靠教师进驻到各小学里去开展教学活动，才能使学生受益，进而完成北京市教委交给的任务。截至2016年年底，北京体育大学和首都体育学院“高参小”项目组为11所结对小学共配备了224名兼职教师，对于以上兼职教师，本研究抽取其中67%作为样本，分别从教师资质、教师选派来源、职称结构、运动技术等级情况等方面进行调查与分析。

1.3.1 兼职教师资质情况

教师资格证书是持证人具有国家认定的教师资格的法定凭证，是由教育部授权颁发的教育行业从业证书，持有该证书证明持证人具备从事教育活动的知识、能力和责任。因此，本研究判断兼职教师是否具备参与“高参小”项目教学活动的资格，主要是通过调查《中华人民共和国教师资格证书》的获取情况。《北京市财政局　北京市教育委员会关于加强高等学校　社会力量参与中小学体育　美育发展经费管理工作的通知》中明确规定：原则上参加“高参小”项目的人员必须取得小学以上的教师资格证书，方可在结对小学开展工作。

问卷统计发现，在有效的133份问卷中，94.7%的老师（126人）都有小学及以上的教师资格证书，部分未获得教师资格证书的兼职教师系运动等级较高的运动员，专业水平较高。

1.3.2 兼职教师的选派来源

教师是教育发展的关键，没有好的教师就没有高质量的教育。2007年胡锦涛总书记在全国优秀教师代表座谈会上的重要讲话曾指出："教师是人类文明的传承者。推动教育事业又好又快发展，培养高素质人才，教师是关键。没有高水平的教师队伍，就没有高质量的教育。"可以说教师素质是决定教育教学效果的核心因素。教师的质量关系到"高参小"项目的教学活动、课程开发、文化建设、科研任务等多类事项的开展质量。北京体育大学和首都体育学院"高参小"项目选派的教师队伍比较庞大，其中包括本校教师、外聘教师、本校硕士生和本科生。本校在校学生占所有兼职教师的60.2%。由此可见，在校学生占了所有兼职教师的六成以上，在校学生担任兼职教师胜在有工作热情和积极性，但在教学经验和对教学活动的管控能力上可能会有所欠缺，这是应当注意的。另一个值得关注的是外聘教师。通过访问校内专家得知，绝大多数的外聘教师是2016年3月起逐渐加入"高参小"项目的，这说明随着"高参小"项目逐年开展，惠及的年级和学生越来越多，校内的人力资源已经不能完全满足"高参小"所需的教师数量，需要从北京市其他学校聘请教师来协助开展教学活动。外聘教师比起在校学生在教学经验与管理能力上有优势，但不便于高校进行统一管理。因此，今后如何管理外聘教师以及如何确立在校教师与在校学生参与项目的人数比例，是一个非常值得思考和研究的问题。

1.3.3 兼职教师的职称结构

以首都体育学院为例，选派参与项目的本校教师中，教授1人，副教授 7 人，副教授以上职称占到总数的 38. 1%；讲师 10 人，占到总数的 47. 6%。这说明首都体育学院对于本校教师的选派十分重视，而教师职称结构合理，会给项目稳定、有序地发展带来极大的帮助。外聘教师方面，目前职称结构较为复杂，这是由于外聘教师来自不同的教育环境，有的来自基层教育机构，有的来自体育运动学校。但他们中绝大多数都取得了各自学段的中、高级职称，有一定的教学经验，具备较好完成“高参小”项目体育教学任务的条件。

1. 3. 4　兼职教师的运动技术等级情况

运动员技术等级制度是指运动员在达到技术等级标准规定的条件后，按照技术等级制度或管理办法规定的程序，通过申请，经有关部门审核、审批通过，授予其相应等级运动员称号的一项制度，是我国体育事业的基础制度之一，对我国体育事业的发展、竞技体育人才的培养和激励有着非常重要的作用。

之所以要了解“高参小”项目中兼职教师的运动技术等级情况，是因为运动技术等级在一定程度上可以反映兼职教师的专业技能水平，从一个侧面能反映兼职教师业务能力，通常有高水平运动经历的教师在教学、示范、学生安全、负荷掌控等方面会做得更完善。“高参小”项目兼职教师的运动技术等级调查结果显示，在首都体育学院选派的“高参小”项目兼职教师中，有 2 名国家健将级运动员、9 名国家一级运动员、31 名国家二级运动员。国家二级以上运动员教师共 42 人，占总数的 41. 6%，其中多为首都体育学院在校教师和本科生。国家三级运动员有 14 人，无运动等级的有 45 人，三级或无运动等级的教师占总数的 58. 4%。

在研究生中获得二级以上运动员技术等级的教师较少，大多为国家三级或没有运动等级。这一方面是由于研究生生源比较复杂，并不是所有研究生都来自专业体育院校，一些普通高校的体育学院或体育系并不要求学生必须达到二级以上运动水平。

由于结对小学体育工作开展领域的增加，对“高参小”项目兼职教师的需求量也在不断增大，单纯地依靠本身就肩负着教学训练工作的高校教师难以满足项目开展的需要，因此北京体育大学和首都体育学院都将专业素养较好的研究生和本科生纳入了“高参小”项目的工作团队，这样承担的课时工作量也越来越多。总体来看，两家高校的兼职教师大都拥有教师执教资格，且自身运动能力或运动等级可以胜任小学体育的相关工作。早在2014年年底，甘北林在对“北京高校、社会力量参与小学体育、美育发展工作总结”时就曾经指出：高校目前选派到小学开展教学的多数都是实习期的学生（研究生和本科生），虽具备基本的专业素质，但实际上目前这些实习“师资”在课堂的组织上、对学生的管理上缺乏教学实践经验，对学科课程标准的掌握也不到位，致使课堂教学质量难以保证。经过两年的队伍建设，上述情况已有一定程度的改善，高校在项目开展中，对过程性的把握、对队伍培训的持续开展，是一项需要久抓的持续性工作。

2 "北京市高等学校参与小学体育发展工作" 项目开展特征研究

2.1 项目开展物质特征

物质特征是一事物区别于其他事物的较为明显的特点。作为具有较前沿的开创性的工作项目，"北京市高等学校参与小学体育发展工作" 具有较为清晰明显的物质特征，也是 "高参小" 项目本身具有前沿性的重要体现。

2.1.1 跨学段合作开展工作形式新颖

"高参小" 项目是为了打破 "择校难"、提高普通学校的办学水平，通过高校、社会力量参与小学体育、美育发展的一项工作。利用高校在体育、美育方面的专业素质和社会方面的优秀资源，形成强大的教育合力，大手牵小手，携手一起走，促进校际互动提升教育均衡。长期以来，高校与小学作为教育领域的不同阶段，承担着各自的教育任务，采用不同的教育方式，两者在不同的“轨道”上独立运转，各自推进。“高参小”项目的开展，将高校与小学紧紧联系在了一起，是北京市近年来教育工作的一项新举措。究其初衷，一方面是小学教育特色发展需要高水平的师资、课程团队做智力支撑；另一方面是高校师范教育需要转化培养成果和选择实训基地。让高校和小学打破各自“关门办学”的格局并非易事，2014年北京市教委推出了“高参小”项目，开启了一场构建“大教育”的“破冰行动”。“高”“小”合作，是“高参小”项目最大的特点之一。

“辐射”是“高参小”项目的关键词。就项目本身而言，高校通过自身资源的引入，将先进的教学、训练、管理、科研等理念带入小学，助其发展工作，在开展工作的同时，对小学各层面人员都有着全方位的辐射作用。改变理念、改进方法、改良手段，是“高参小”项目首要辐射作用的体现。“高参小”项目今后在交流与推广项目经验方面，可在全市起到指导、服务、示范与辐射作用，不断探索和推进北京市“高参小”项目的有效开展。

2.1.2　高校主导，小学配合

《北京市教育委员会关于成立高等学校　社会力量参与小学体育美育发展工作领导小组的通知》文件，对于“高参小”项目中高校和小学的职责分别提到了以下两点：高校职责第二条——“调动本单位优势资源，整体设计对接学校的体育或美育发展规划，围绕学科教学、课外活动、社团组织、教师培训、文化建设、理论研究等方面开展工作，全面提升小学办学水平；及时总结工作经验，积极上报工作信息，探索教育改革发展新路。”小学职责第二条——“结合本校办学实际和发展规划，全面配合参与高校、社会力量开展工作，逐步形成办学特色，全面提升育人水平。”

由上述文件节选内容可以看出，在“高参小”项目体育工作开展过程中，高校主导、小学配合是基本的角色定位。但需要提到的是，这种基本定位并不是无条件的、绝对的。高校发挥主导作用的前提是“不越位、不缺位”，是要在现有的基础上，结合小学既已形成的特色和专长，在保证专长突出的情况下全面提高其他各方面的体育工作。而小学配合，则是在协调过程下的配合状态，并不是无条件地全盘接受。

2.2 项目开展行为特征

2.2.1 覆盖“无死角”开展工作

“高参小”项目从初始至今，已经经过了几年的时间，一开始协助结对小学开展课外体育活动为项目开展的主要形式；而发展至今，涵盖的工作领域在原有基础上增加了运动队训练、社团组建和发展、竞赛的组织和运行、校本课程开发与体系完善、科研项目的开展与有形成果产出、各级各类人员培训、校园主题体育文化建设等等，几乎囊括了小学体育工作开展的方方面面，覆盖了各个角落。因为“高参小”项目工作的开展，使得小学在体育工作方面得到了发展动力和发展途径，而高校则获取了专业领域的运用、人才培养的土壤和空气，自身的优势资源落地生根，做到了实处。

2.2.2 高校突出引领重点

在“高参小”项目体育工作开展过程中，高校将北京市教委下拨款项合理运用，为小学提供课程开发、教材研发，改善硬件条件，提供培训机会，建设校园体育文化，带动科研等方面的人力、物力、财力支持，表面上看是直接为小学提供很多无条件的帮扶，但其实更多地是要体现一种引领作用，起到一种辐射效果。

2.3 项目开展制度特征

“高参小”项目从无到有，开展的工作内容从单一到多项，从简单到复杂，工作的技术含量从低到高，项目管理制度也随之不断地完善，其中，经费的合理运用是重要的前提之一。因此，北京市教委、市财政局，每年都会对“高参小”项目的经费使用情况进行审计，督促两所高校按照北京市财政局和北京市教委联合颁布的经费使用管理办法，合理安排、使用专项经费。

2.4 项目开展精神文化特征

2.4.1 内部隐性联系相互促进

上文所述，高校利用自身的优势资源为结对小学提供快速发展的动力；反过来，小学又为高校提供了实践的平台，不仅为教育科研成果转化为实践成果提供了实验基地，在“高”参“小”、“高”促“小”的同时，也为首都体育学院的专家提供了检验理论成果的机会，为高校在读的本科生、研究生等提供了实践考察和体验提高的机会，实现其学有所长、服务社会的愿望，提高其专业水平、个人成就感和社会责任感。

2.4.2 促进小学教师提高是最终目标

北京市教委2014年7号文件在第五部分第四条中提出：“以促进体育、艺术教师自身成长为抓手。采取进修培养、师徒结对、教学实践等多种形式加快小学体育、艺术教师的专业拓展和水平的提高。”由此可见，如果高校帮助小学开设几门专业课程或者是开展几次活动就算是“高参小”项目开展了，这样的理解就非常片面了。激发教师的学习热情，通过多种政策鼓励教师提升自身素质和专业水平，汇聚教师能量，是“高参小”的最终目的。高校有义务提高小学教师以下几个方面的综合素养。

（1）高校应当为小学师资多方面提供与体育艺术学科有关的专业培训、进修、参观、学习的机会。

（2）高校要派专业教师与小学教师合作，以各种教科研形式提升教学水平，包括“师徒结对”等形式，指导并共同开发校本课程和校本教材。

（3）高校要指导小学教师提升课外活动和社团组织管理水平。

（4）高校要带来教科研成果，用于改革和提升小学教学水平；如果暂无现成的教科研成果，就应当组织开展教学创新研究。

“高参小”的最终目标，是小学教学水平的提高和学校整体办学能力的增强，第一轮的开展时长为6年，6年之后，高校能为项目结对小学留下哪些有利于小学体育工作持续开展的财富？那就是小学教师综合素质的提高、思维方式的转变和专业能力的进步，这些变化能给教师自身和学校带来持久的益处，也是“高参小”项目要通过6年的辐射作用，耗费大量经费、人力，最终想要实现的目标。

3 “北京市高等学校参与小学体育发展工作”项目面临的挑战

与两所高校结对的11所小学在“高参小”项目开展第一阶段，都取得了一定的成绩，出现了许多新的变化，如开发出适宜的校本教材、开设了新的体育社团、课外体育活动增添了许多新的练习手段等。北京市教育委员会的有关领导，结对校的领导、师生，以及社会各界对两所高校参与“高参小”项目体育领域的工作都有很多积极正面的评价。但是不可否认，“高参小”项目还没有做到尽善尽美，项目开展以来依然出现了很多不能回避的问题。

3.1 高校和小学认识程度和推进水平不一致

高校和小学由于学段有异，且工作开展的侧重点大相径庭，面临的受教育对象也因生理和心理特点差异性较大，致使教育理念存在很大的不同。美国学者马丁·特罗教授于1962年在其《美国高等教育民主化》一文中，将教育划分为“精英、大众、普及”3个阶段，认为入学率在15%以下的为精英教育，达到15%～50%阶段的为高等教育大众化阶段，达到50%以上的则是普及化阶段。我国高等教育由于1999年实施了扩大招生政策，入学率已经于2002年超过了15%，这也标志着高等教育进入大众化阶段。即便如此，高等院校也因其培养专业性较强的人才而彰显着很强的专业特性。

小学阶段的教育过程是整体教育领域的基础，是儿童进入学校接受的最初教育阶段，是全民性教育阶段，培养学生品德、智力、身体素质、美学能力、劳动能力等，同时也是面对所有适龄儿童进行的一种基础教育。以此为基础，提高学生的才能，增强学生的身心素养，同时帮助学生树立正确的人生观、价值观等。此外，高校和小学，因其长期面临的教育对象的年龄结构、知识背景、思维方式等都存在较大差异：高校培养的是即将走上工作岗位的本科生、研究生，而小学培养的是刚刚步入学龄阶段、身心发育都还不成熟的儿童，在教学理念和手段方法等方面有着较大的差异性。所以，项目的开展遇到了一些客观存在的问题，具体表现在两个方面：一是高校与小学沟通的顺畅性不是很好，高校在前期调研时遇到的问题是小学层面对“高参小”项目的理解障碍，大部分小学教师不知“高参小”为何物，不理解小学教育为什么要由大学来参与，因此起初双方沟通的时间成本耗费较大，项目推进阻碍重重；二是兼职教师进入小学之后，由于不熟悉小学的教学环境，不熟悉小学生的身心特点，缺乏面向小学生的教学经验，不能很好地完成工作任务。如此种种因素的干预下，与小学教师的沟通确实不算高效，甚至出现一定程度上的相互不信任。虽然这一问题到目前为止已经有所改善，但今后如何进一步有效地沟通、合作，仍然需要不断思考。

3.2 基本理念的差异问题

高校与小学在合作过程中有些基本理念的差异问题需要磨合。例如，专业体育院校的体育教育与小学生的学校体育教育，体育院校专业教育与义务教育中的“素质教育”，高水平运动项目推广与小学普及教育模式等，相互之间都不能照搬，只能融合。目前，“高参小”项目已经开展至第三个年头，距离北京市教委在项目初期预定的6年时限已经过去一半。在项目结束、工作人员不再参与小学体育工作后，是否能为小学留下更多的资料、更好的习惯和更开阔的视野，使“高参小”项目真正地发挥出持续性的辐射作用，是“高参小”项目工作人员亟待思考的问题，也是项目开展第二阶段高校重点建设的一项工作。然而研究发现，在小学层面已经形成了“‘高参小’就是阶段性项目工作，项目结束，工作就停下来”的观念，这与“高参小”项目开展的初衷、“辐射长远”的目标形成是存在理念差异的，究其原因，还是小学层面教师追求进步的内在动力不足、主动性不高所致。

3.3 职责分工需要进一步明确

前文提到，在“高参小”工作实施过程中，高校和小学经历过一段相互磨合、适应和协调的阶段。高校与小学之间的职责分工不明确，对改革的认识、理解角度不同，合作中出现分歧和矛盾。高校的一些设想在小学中推行有一定障碍，而有些小学提出的需求，高校还不能立刻全部满足。例如，在2014年项目开展之初，高校工作人员反复去各所小学进行调研，小学的体育教师和主管工作的领导抵触情绪非常明显，他们把“高参小”项目工作人员当作是来督导和检查工作的人员，在反复沟通明确了高校在项目中的职责之后，其也在项目开展过程中尝到了“甜头”，才逐渐把自己摆到了正确的位置上，承担起相应的职责。经过第一个阶段的项目开展，职责和分工问题已经在原有的基础上得到了很大程度的改善，但还是会在开辟新工作领域时“反复出现”，因此有待进一步明确。

3.4 教学理念与小学融合度有待提高

“高参小”项目全面力推的高校和小学结对的工作形式是具有前沿性和创新性的。位于教育体系两端的教育单位要相互合作、共谋事业，本身就需要有一定程度的磨合和适应，尤其是高校教师、学生，了解小学生的基本特点、对低龄学生心理学的掌握和学习是非常有必要的。高校目前选派到小学开展教学的多数都是实习期的学生（研究生和本科生），虽具备基本的专业素质，但实际上目前这些实习“师资”在课堂的组织、对学生的管理方面缺乏教学实践经验，对学科课程标准的掌握也不到位，致使课堂教学质量不是很好，不少小学都需要再配备自己的教师或班主任协助教学。加之“高参小”项目团队教学人员由于毕业、实习等发生更迭的问题，使得“了解学生特点，内容手段适合学生”成为一个持续不断的工作内容，在一定程度上增加了“高参小”项目工作团队的任务量。

3.5　专业教学场地数量不足

前面的研究结果已经提到，多数小学的体育和艺术专业教学场地数量不足，且不少场地和设施设备不符合学科专业规范。场地问题逐渐成为制约“高参小”项目工作开展的一大难题。随着项目惠及的年级越来越多，结对校的场地已经无法满足学生日常活动的需求。目前项目实施初期只有3个年级学生列入项目开展对象中，暂时还可以勉强维持。但待今后项目惠及面逐步滚动到4～6年级学生时，学校的场地、专业教室就根本不够用了，这是各区县教委和小学一两年内亟待解决的问题。例如，有时由于课外活动的开展占用了运动场地，社团活动就不得不挪到室内去上，这样会影响社团的体育锻炼效果；而如果贸然让社团的学生和课外活动的学生在同一片场地上进行活动，则会增加安全隐患，容易造成教学事故。因此，如何合理、有效地利用小学有限的场地，采取何种方法妥善解决小学活动场地不足的问题，是我们今后需要思考和解决的又一问题。

3.6　高校兼职教师队伍稳定性较低

随着“高参小”项目的逐年推进，项目覆盖的学生学段也逐年递增，各小学活动开展均已囊括了1～3年级的学生；与此同时，北京体育大学和首都体育学院“高参小”团队在与小学合作的过程当中，所涉及的领域越来越广泛，团队内部需要的工作人员数量也越来越多。但由于各种客观原因，目前团队内的主要工作力量还是校内的在读研究生，虽然他们都具备教师资格，但随着学业的进展和毕业离校等，人员更迭频率较高，团队内部工作人员稳定性不高，这是一种一直以来难以从根本上改善的状况。

3.7 信息报送不及时

在“高参小”项目工作开展的过程中，存在信息上报总结时间不及时或总结没能充分反映本单位的工作成绩的问题。有的小学开展工作非常努力和辛苦，甚至非常有创意，比分享经验的单位做得还要好，但因为上报不及时，致使信息传递时效性大大降低。在研究中本编写组曾向一部分小学教师和高校兼职教师询问过他们是否了解和浏览过“北京高校、社会力量参与小学体育、美育发展”官网，结果令人意外，将近8成的受访者都不了解项目官网的存在，更没有去关注过相关的信息和动态，平时的信息接收更多地来自上级主管部门的人工传达。信息做不到有效沟通和充分利用，工作开展的延迟性就会越来越明显，直接影响着信息的有效性和可信度，从而降低整个组织机构的运行效率和工作效率。反之，有效及时的信息报送则有利于促进各单位互相学习、互相借鉴，加强相互间的沟通学习，整体推动全市项目改革的顺利发展。

甘北林在“高参小”项目年度项目总结会上曾经指出：“要通过发挥高校的体育美育资源优质和引领作用，发展起更多的基础教育优质资源。通过发挥高校的高水平专业教育资源优势，引领起更多更好的体育艺术特色学校。高校直接为社会提供各种专业服务，本来就是高校对社会应尽的义务和责任。”高水平的专家、教授深入基础教育一线，为教学科研服务，甚至直接面对中小学生，本来就是科学界、教育界、体育艺术界都通行的规律和做法；艺术家要在追求艺术创作和表演、体育运动员要在追求更高竞技水平的同时，从事相应的宣传、教育和传承活动。

小学接受社会上的各种专业支持和技术指导，使广大小学生都能享受到全社会优质资源的教育服务，这是利国利民的事情；中、小学校不但要从事各类学科知识教学，更应当从小培养学生丰富多彩的体育、艺术、科技等方面的兴趣爱好发展；学生需要循序渐进的学科知识积累，但是体育素质全面发展和健康科学的学习生活习惯养成也很重要。“高参小”项目体育工作的开展就是在上述宗旨的指导下，北京市委市政府出资金出政策全力推进，把大学、小学教育资源捏成合力，请高水平专家和基础教育一线教师紧密协作，促使首都基础教育水平得到全面持续提高，确保尽可能多地为学生创建丰富优质的教育环境的举措之一。

4 “北京市高等学校参与小学体育发展工作”项目中“高”“小”合作的模式构建

4.1 设置专职机构，分级管理，完善高校内部的管理机制

北京体育大学将“高参小”项目中5所对接小学的体育发展工作平均分配给5个二级学院，就管理和操作层面来说，相对分散一些。而首都体育学院将所承担的“高参小”项目6所小学的体育工作发展任务全都交予体育教育训练学院全权负责，管理机制相对集中。两所高校均没有设置专职的“高参小”项目工作机构，办公室工作人员处于兼职开展“高参小”项目的状态。鉴于“高参小”项目工作任务的重要性、复杂性和长期性，本编写组建议设立“高参小”项目专职机构，配备专、兼职人员共同负责组织、协调“高参小”项目各项工作；制定管理办法，从制度上明确参与该项目各环节的管理机制。

如图2所示，分级管理，完善学校、牵头院系两级管理体制，学

校“高参小”项目办公室负责全面组织、协调、监督、检查“高参小”项目各项工作，并负责管理部分涉及各所小学的专项经费使用。如此一来，院系可以和兼职校长一起集中精力与小学合作开展专业性建设工作，不必再为经费的使用和劳务的发放等事宜耗费大量的精力。

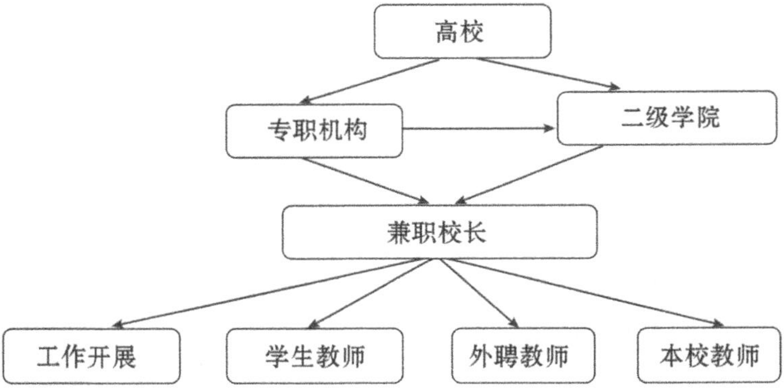

图2　高校分级管理模式

4.2　建立高等院校参与小学体育发展工作多渠道共通的管理机制模式

要做好“高参小”项目实施工作，仅高校独善其身并不可取，不能忽视结对小学的重要配合作用，有效、高效地实施项目内容，仅高校层面设计、规划，再将业已成型的方案递交给小学一方加以实施，会让小学层面感到被动，或多或少会有一些抵触情绪产生，不利于结对小学发挥主人翁作用。因此，建立高校和小学互通的管理机制，充分体现“合作”二字的要义尤为必要。在高校管理机制图的基础上，我们将小学层面的管理人员与兼职校长置于同一管理层次上，这并不意味着小学层面只能跟兼职校长进行沟通，而是以与兼职校长对接为主，以与高校“高参小”项目专职机构和二级学院对接为辅，共同开展项目的管理工作。为了区分相互间管理、沟通的直接和间接关系，图 3 中的箭头用实线和虚线进行了区分，实线为直接管理、沟通关系，虚线为间接管理、沟通关系。

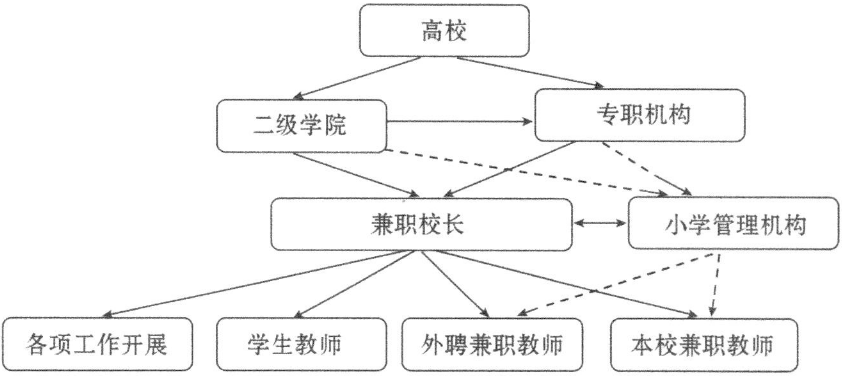

图 3　高校与小学共通管理模式

4.3　完善人员管理规定，建立奖惩机制，加强政策法规建设

在“高参小”项目实施的过程中，人数最多的人员群体是兼职教师，无论是校本课程、课外活动还是运动队训练等，各项工作都离不开兼职教师。做好兼职教师的管理工作，直接决定着项目实施的

质量。

须尽快建立和完善兼职教师工作规范条例，对兼职教师工作中的一些细节问题提出明确要求。例如，上课一定要穿运动装，学科课程要写教案，训练课要有训练计划；什么情况可以请假、调课等。不可以粗暴地决定任何人都不准调换课程，建立一个良性的“请假—调课”制度是当务之急。在此，笔者认为应该建立“请假—调课”的责任人机制，这个人应该是各结对小学的兼职校长，他负责接收“请假—调课”的信息，并与小学沟通，及时安排教师承担工作。

对于出勤率良好的兼职教师，应记录在兼职教师信息档案中，在期终评估时予以奖励和表彰；对于经常出现请假、调课、私自调换课程等现象的教师，应记入兼职教师档案信息，单位总时间不合格者，下学期不予录用。只有建立合理的奖惩机制，才能与相关规定相辅相成，确保兼职教师的出勤率，确保形成“高参小”项目工作良性的请假机制。

建立合理的分级管理，建立信息沟通和传递的渠道，实现前文中提到的“兼职校长—各结对校领导—兼职教师”三级管理机制，才能实现对兼职教师无管理死角，提高管理效率，从而使教师目标一致，高效率地完成教学任务。

4.4　高等院校参与小学体育发展工作的宣传模式

这里所指的“宣传”，包括两个方面：一是指“高参小”项目内部的宣传；二是指“高参小”项目的对外宣传。

“高参小”项目体育工作是由北京市教委自上而下推行的理念新、手段新的工作内容。在此之前，并无太多可以参考的“高校和小学”合作发展体育工作的先例。因此，项目开展之初，无论是高校层面还是小学层面，大家对“高参小”这个项目形式都非常陌生。加之大学与小学之间的沟通机制一开始运行并不顺畅，兼职教师与小学体育教师之间的沟通机制还不够健全，使小学和小学体育教师对“高参小”项目各项工作的认识还存在一定的模糊地带，个别问题和矛盾不能够及时有效地沟通解决。在随后的工作中，就形成了一定的障碍。这种问题的出现，一定程度上是由项目内部宣传力度不够所导致的。

另外，研究中通过与小学学生家长、学生等相关人士沟通交流，发现他们对“高参小”项目的具体工作并不了解，虽然部分学校已经用漫画、简报在校园内进行宣传，但总体来看宣传力度和影响面还不够大。

笔者认为，应当借助如今举手可得的智能手机作为媒介来进行“高参小”项目的宣传，可以借助高校和结对小学的微信公众号发布相关链接，“高参小”项目组也应当制作自己的公众号作为宣传平台，向高校教师、大学生、小学学生家长、小学校内教师和社会人群推送“高参小”项目的相关信息，扩大项目宣传力度，而不仅仅局限于官方网站的建设。相对于手机媒介来说，官网消息的宣传辐射面和传播速度都要逊色很多。

此外，前文提到过有的小学开展活动信息报送不及时，因此我们建议公众号的作用可以多样化，不仅宣传“高参小”项目，还应该具备信息报备功能，这样一来，信息及时报备，及时上传，在很大程度上就不会出现实时信息时效性低等现象了。

4.5 高等院校参与小学体育发展工作的课外体育活动合作模式

教学水平的提高必须依靠课内教学与课外活动的紧密结合才可能实现。没有课外活动实践的支撑，专业课堂教学的效果无法得到持续和巩固，课内外结合应当是缺一不可的互补关系。这个道理不但在基础教育发展实践中已被证明，更应当在“高参小”项目的校园文化建设中探索实践。在“高参小”项目中，与部分学生的兴趣爱好以及特长发展相结合，与结对小学体育工作方面的优势相结合是建立和发展学生各种兴趣社团的出发点，如此才可能结出硕果，甚至发现和培养出各种人才苗子。这种在课内外结合过程中，以兴趣为出发点，发展学生特长，培养学生社团，应当是学校体育培养机制的一个基本思路。即办好学生社团应当是与教育基础发展相辅相成的附带产品，一定要防止本末倒置、揠苗助长。

【案　例】

东城区体育馆路小学是北京市篮球传统项目学校，篮球运动水平在东城区一直名列前茅，首都体育学院通过“高参小”项目与体育馆路小学结对之后，结合学校自身的这一优势项目和大多数学生的兴趣所在开展课外活动。2015 年，项目组将课外活动的工作重点放在一年级篮球基础能力训练上，该训练旨在提高一年级学生身体素质，培养篮球基础能力，掌握篮球基本技术，为今后更好地参与篮球运动打下基础。活动的组织形式为：每周一下午 3:15—4:10 以自然班为单位进行，每班由两名“高参小”项目老师带领，在篮球场地上进行活动，活动时间为55分钟，约等于1个课时。一年级有8个自然班参与活动，师资参与规模为每周16人次。2014—2015学年课时总量达到576课时。

在双方合作单位的共同努力下，一年级篮球基础能力训练开展较为顺利，篮球教学活动的课时得到了有效保障。经过一段时间的熟悉和调整，兼职教师对于学生的调度与管理的效率明显提高，基本能够做到令行禁止；在教学内容的实施上，大家集思广益，逐步在教学活动中加入绳梯、篮球操、兔子舞、篮球游戏等内容，学生上课的积极性有了很大的提高，教学内容也能够更好地实施，教学效果大大改善。

经过一个学年的篮球基础能力训练，一年级学生的身体素质明显提高，运动能力增强，80%以上的学生都掌握了单手原地、行进间高低运球，双手胸前传、接球，双手击地传球等篮球基本技术。更加重要的是，逐渐培养了学生坚忍不拔的意志品质、纪律性以及团队合作的意识。

4.6 高等院校参与小学体育发展工作的专项训练合作模式

北京体育大学和首都体育学院在各运动项目的教学和训练方面都拥有专业的体育人才。因此，帮助结对小学组建运动队或是在原有基础上健全运动队梯队层次，开展训练工作，是两所高校在“高参小”项目中的一项工作任务。高校虽然拥有较为先进的训练理念和手段方法，但是作为合作性质的工作，本编写组认为高校对训练工作的介入不宜太多，要真正做到以引领为主，培养小学教师独立可持续开展工作的能力和潜力，因此在专项运动队训练方面，本编写组建议高校兼职教师的主导作用不要贯穿始终，兼职教师和小学教师在相互沟通的状态下制定训练方案、合作带队的模式较为适宜。

4.7 高等院校参与小学体育发展工作的校本课程合作模式

在北京市教委文件提出的“五大任务”中，提高小学学科课堂教学水平是当务之急。这既要依靠高校和社会力量高水平的专业指导，更需要小学教学一线的全面配合。但合作双方目前都各有长短板，一方拥有高水平的专业优势，但对小学的教学管理体系和小学生的管理经验不足是短板；另一方拥有丰富的教学管理经验优势，但学科专业水平不高是短板（当然不排除少数教师能集这两种优势于一身）。只有双方都发挥自身的长处才能形成优势互补，缺了哪一方的优势都无法形成互补；但这个互补不是简单地把双方人员凑到一块就能够形成的，需要形成一种互补模式，这个互补模式的核心内容，就是合作开展教科研工作。

如图 4 所示，高校和社会力量与小学合作开展校本课程开发的模式，应当包括学科的教育教学规划设计、教材教案教法设计、教学效果的及时观察和跟进调整、合作双方的定期沟通和反馈等，要以高校的教科研课题项目成果直接提升小学教学档次和水平，直至逐步建设成优质学科教学体系，形成更新更好的优质教育资源机制，从而引领整个学校教学质量的全面提高。

开展教科研合作的关键是教师。教研合作成功开始，取决于高校

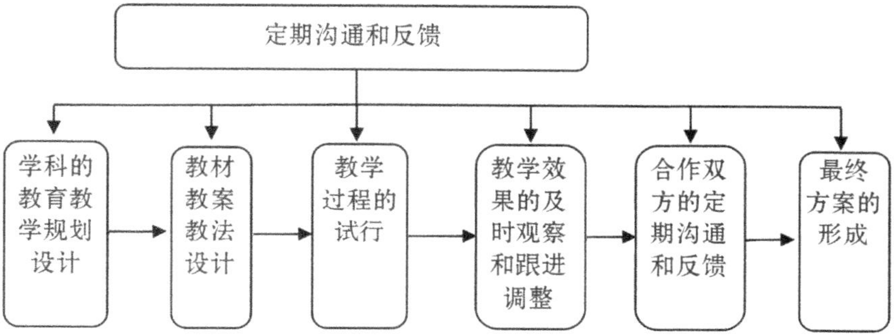

图4 校本课程开发模式

教师的努力与小学教师的配合；而最终能否合作成功的关键，则取决于小学教师教科研水平的高低，否则6年以后这个项目完成，多数高校和社会力量撤出小学，项目建设成效将难以延续。所以应当更多关注"高参小"项目教科研效果的最终实现——广大小学教师教学水平的提高和能力的增强，尤其是教科研水平的提高。

4.8 高等院校参与小学体育发展工作的校园体育文化建设模式

"高参小"项目中的校园体育文化建设活动意在以学生为主体，以课外体育文化活动为主要内容，以校园为主要空间而开展的一系列体育文化活动。研究依据"精神文化、物质文化和制度文化"的划分方式对北京体育大学、首都体育学院这两所高等院校在小学开展的校园体育文化建设活动进行了归类。

校园体育文化建设是学校体育工作的重要组成要素，是小学整体文化的一部分，也是展现学校特色的重要平台，需要以多样化的形式、多渠道的创新，从多个角度逐步融入。如表 7 所示，北京体育大学在精神文化建设活动中，会徽设计、策划活动等形式的采用不同于首都体育学院，既提高了学生多角度参与活动的程度，也激发了学生发挥特长参与活动的积极性；而首都体育学院多次组织结对小学的部分学生、家长和教师观看高水平赛事则是提高体育认知、了解体育制度文化的有效途径之一。两所高校开展的校园体育文化建设活动各有所长，也各有可供对方学习的方面。

表 7　两所高校“高参小”工作校园体育文化建设情况

学校	精神文化建设活动	物质文化建设活动	制度文化建设活动
北京体育大学	名人寄语、成果展示、会徽等设计、策划活动	宣传设施、建立体育阅览室、场地、器材等	运动会、单项竞赛、项目内部比赛、运动会
首都体育学院	体育认知、道德培养、观念树立、名人寄语、趣味活动等	场地、器材、图书资料、宣传设施等	单项竞赛、观赏赛事、运动会、运动队梯队建设等

在北京市教委的统一领导和管理下，北京体育大学和首都体育学院两所高等院校在参与“高参小”项目体育工作中所采用的管理模式基本相近，但管理层次的安排不同；两所高校“高参小”项目体

育工作开展的内容所涉及的领域相同，但各项工作覆盖的运动项目数量不一样；两所高校在结对小学开展校园体育文化建设方面各有特色，有互补之处。

4.9 高等院校参与小学体育发展工作的师资培训合作模式

目前，两所高校都定期安排面向教师的培训活动。首都体育学院的培训活动受众既包括兼职教师，也包括结对小学的教师，培训活动统一进行，常以新知识、新手段、新领域为主要内容形式，请相关专家进行讲授。而北京体育大学的培训计划将小学体育教师列为主要培训对象，包括培训内容、时间、形式、地点等紧紧围绕小学体育教师做适合性安排。对校内兼职教师的培训则更趋向于单独进行，针对性更强。优质课观摩，现场做课、说课等研讨类活动，将理论与教师的教学实践紧密结合起来。

今后，类似的教师培训工作应当系统化。要根据小学体育教育的需要和教师既有的知识结构，有针对性地进行教育理念、教育规律、教学技能和专项技能等方面的培训。与此同时，建议由小学体育教师作为培训专家对兼职教师进行小学体育教学手段方法、学生心理特点等方面的培训，增强兼职教师对小学体育教学工作的适应性。另外，对学期中间新增教师，要进行补充培训，注重后备教师培养。为应对"高参小"项目兼职教师由于毕业、考试等原因而退出的情况，可以在每年春季学期挑选一批后备成员，参与教师培训计划，进行一个阶段的看课、听课，为上岗做好准备（图5）。

需要特别说明的是，我们建议增加两校间的相互培训，增加北京体育大学和首都体育学院“高参小”工作团队之间的沟通和交流，相互以培训的形式介绍经验，对项目的健康发展有着非常有意义的促进作用。

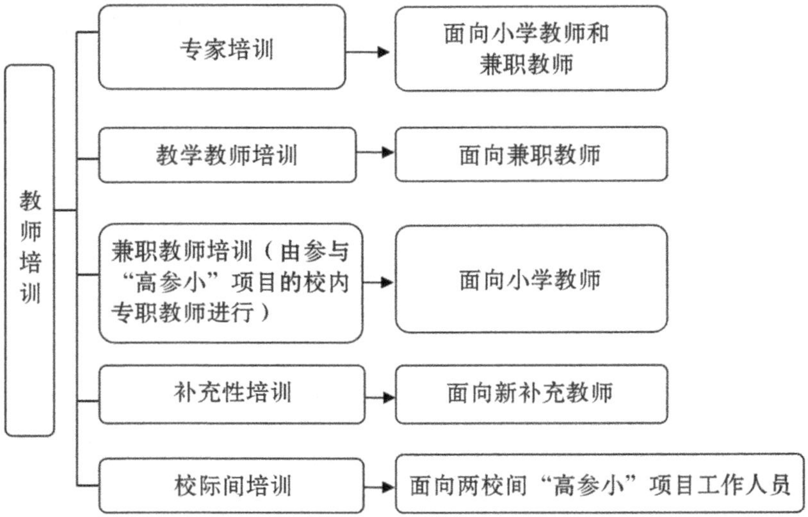

图 5　教师培训模式

4.10　高等院校参与小学体育发展工作的社团建设活动合作模式

结对小学的体育社团发展工作，是除校本课程、课外活动之外，北京体育大学和首都体育学院“高参小”项目体育工作的另一个重点，是小学体育工作多点开花、优势内容增加的星星之火，是课堂体育教学的延伸，充分发挥了学生的主体作用，对学生养成良好的锻炼习惯、增进学生身心健康、丰富学生业余生活、奠定学生的终身体育基础和提高学校竞技体育水平等方面都有积极的作用。体育社团不是学生自由活动的场所，它也要在指导教师的指导和帮助下完成一定量的学习任务，以培养学生的兴趣爱好、锻炼的习惯为主，能使学生掌握几项体育项目，自觉地参与到体育锻炼当中去，真正做到每天锻炼一小时，丰富自己的业余生活。社团建设、学生的主体地位和社团的自我教育功能必须区别于课外体育活动。

如图 6 所示，在小学社团的建设发展过程中，教师参与所有的过程环节，从建立学生档案、制定活动方案到开展活动过程，这是学生的生理和心理特点所决定的，教师要给学生一定的主体意识和自主空间，但是也要适度掌握。学生可以在制定活动方案环节表达自身的意愿，在开展活动和反馈活动情况环节中发挥较多主动性。学生的活动状态从“制定活动方案—开展活动过程—反馈活动情况—改进活动方案—开展活动过程”中，呈现出循环模式。

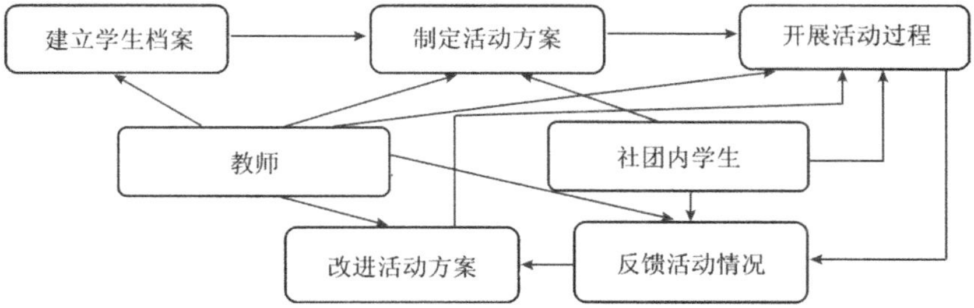

图 6　社团建设发展模式

4.11 高等院校参与小学体育发展工作模式构建的促进措施

4.11.1 积极开展高校与小学之间多种类校际交流

在“高参小”项目体育工作的开展过程中，高校应该建立更加高效的沟通渠道，利用互联网及微信公众号等平台，为高校和小学教师提供更多的交流机会。没有高效率的信息获取和沟通渠道就很难有高效率的教学团队。有交流才会有碰撞，才能知道问题究竟出在哪里，须做到有问题及时沟通，没问题提前沟通，这样才能做到出现问题及时处理，没有问题时防患于未然。定期组织高校各教学团队与结对校进行座谈会，共同商讨今后工作的开展问题，可以增进相互间的了解，提高今后工作中的配合效率。此外，通过一些联谊活动和小学教师培养相互信任和好感，增进感情，也不失为一种有效的交流途径，从而有利于“高”“小”合作模式的相互借鉴与互相弥补。

4.11.2 定期展示合作成果

提倡定期展示合作成果，目的在于及时互通有无，互相借鉴经验，促进活动开展灵感的形成。两所高校结对的 11 所小学分别处于北京市 4 个城区，由于管理机构设置等客观因素的存在，平时跨区交流的机会很少。借助“高参小”项目搭建平台，为小学提供一个展示阶段性成果的契机，在一定程度上能促进展示单位的进一步建设，而对观摩单位而言，则是可以促进其进步的内在动因，并且可以促进产生开展体育工作的新灵感和新火花，从而有利于“高”“小”合作模式的发展完善和与时俱进。

4.11.3 开展形式丰富的各类活动

“高参小”项目组在工作中，应当根据小学的具体情况，在保证安全的首要前提下，以探索、创新为出发点多开展一些形式丰富的活动。活动形式的创新和拓展，短期看带来的是较多的工作量和工作任务，但从长远来说是非常有利于“高参小”项目和学校体育工作发展的。新的活动形式的出现，不但能促进小学体育工作的完善和提高，给高校打开新的科研视野；也会在活动开展的同时构建新的合作模式，必然会对“高”“小”合作模式体系的构建起到非常重要的推动作用。

4.11.4 利用校园网络，积极进行宣传

“高参小”项目从内部来看，是由“高校”和“小学”直接参与开展的一项促进小学体育工作发展的工作形式。但从项目外部来看，“高校”和“小学”因为“高参小”项目本身结合成为一体，在项目实施过程中共同完成工作任务、产出一个个成果——唇齿相依，不能割裂开来。因此，积极对“高参小”项目进行宣传，提高项目的辐射程度和社会对“高参小”项目的关注程度、了解程度，非常有利于激发“高”“小”之间的整体使命感，是一件有利于单位之间团结一心的举措，是“高”“小”合作模式体系进一步构建并产生指导性作用的有力推手。

5 “北京市高等学校参与小学体育发展工作”项目中“高”“小”合作的评价体系构建初探

5.1 “北京市高等学校参与小学体育发展工作”项目中“高”“小”合作的指标确定（第一轮）

根据前期的研究，“高参小”项目体育发展工作需要建立一个比较科学、客观，有“高参小”项目本身特有属性的指标体系。所以本文对“北京市高等学校参与小学体育发展工作”项目中“高”“小”合作的指标进行研究，构建指标体系。

从图 7 中我们可以清晰地对北京市“高参小”项目体育发展工作指标的建立过程有一个直观的了解。在建立指标的开始阶段，主要工作就是对北京市“高参小”项目体育发展工作有一个比较深层次的理解，然后进行总结和分类归纳，做成调查问卷的形式，请专家进行评价，经过了多次的修改最终设定了北京市“高参小”体育发展工作的原始指标。

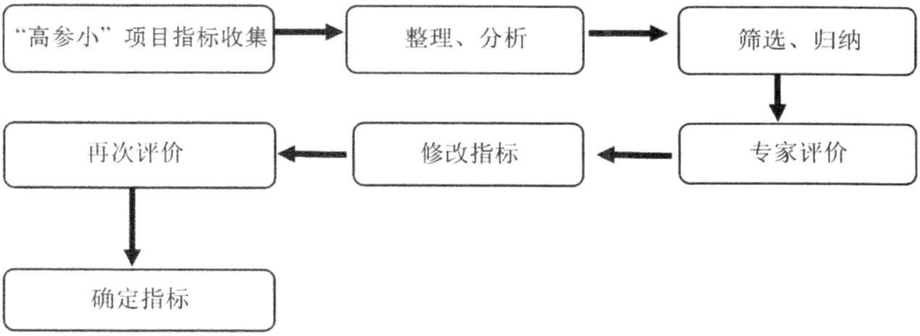

图7　北京市"高参小"项目体育发展工作指标体系构建思路

本研究咨询的专家包括北京体育大学、首都体育学院参与"高参小"项目工作的教授、副教授、讲师以及相关小学主管人员。结合特尔菲专家调查法的应用原则和本研究的实际需要，在指标确定过程中进行了两轮专家咨询，第一轮咨询专家15人，第二轮咨询时考虑专家的积极性，在第一轮咨询的专家里选取了12人。由于第二轮咨询时已经与专家进行了沟通，调查问卷全部收回。第一轮发放并回收问卷15份，填写问卷的专家包括教授1人、副教授8人、小学主管人员6人。

5.1.1　北京市"高参小"项目体育发展工作指标体系一级指标咨询结果

本研究使用"很重要""重要""一般"等描述来表达认可率，认可率是指认为所构成的比例的总和，进而计算认可程度。通过统计回收的问卷结果，计算出专家对指标设置的认可程度。从表8中可看出，专家对4个一级指标认可率达到了100%。由此可见，专家对一级指标的设定是比较认可的。

表 8　北京市“高参小”项目体育发展工作一级指标重要性调查统计

一级指标	人数					百分比/%				
	很重要	重要	一般	不重要	很不重要	很重要	重要	一般	不重要	很不重要
管理机构	13	1	1	0	0	86.66	6.67	6.67	0	0
工作内容	13	1	1	0	0	86.66	6.67	6.67	0	0
人员情况	13	1	1	0	0	86.66	6.67	6.67	0	0
信息情况	12	2	1	0	0	80.00	13.30	6.67	0	0

5.1.2　北京市“高参小”项目体育发展工作指标体系二级指标咨询结果

根据北京市“高参小”项目体育发展工作中北京体育大学和首都体育学院工作开展的具体情况，编写组起草并筛选了 20 项二级指标，其中 19 项认可率达到 100%（表 9）。

同时专家对二级指标的设定提出了以下意见。

（1）在二级指标中，“B13 其他”一项所指太过笼统，不明确，建议删除。

（2）在二级指标中，应当增加“B21 内部宣传”一项，认为项目内部不仅需要流畅的沟通，也需要进行一定程度的宣传，这样更有利于项目发展。

（3）应当增加运动队训练相关指标。

表9　北京市“高参小”项目体育发展工作二级指标重要性调查统计

一级指标	二级指标	人数					认可率/%
		很重要	重要	一般	不重要	很不重要	
A1 管理机构	B1 市级	13	1	1	0	0	100
	B2 校级	14	1	0	0	0	100
	B3 二级学院	13	2	0	0	0	100
	B4 专设部门	10	2	3	0	0	100
	B5 兼职校长	15	0	0	0	0	100
	B6 小学管理	11	2	2	0	0	100
A2 工作内容	B7 校本课程	14	1	0	0	0	100
	B8 社团建设	13	2	0	0	0	100
	B9 科研服务	13	1	1	0	0	100
	B10 体育文化	11	2	2	0	0	100
	B11 教师培训	10	3	2	0	0	100
	B12 课外活动	15	0	0	0	0	100
	B13 其他	5	4	3	3	0	80
A3 人员情况	B14 人员构成	11	3	1	0	0	100
	B15 资质情况	12	2	1	0	0	100
	B16 培训情况	9	2	4	0	0	100
	B17 履职情况	12	2	1	0	0	100
A4 信息情况	B18 内部沟通	15	0	0	0	0	100
	B19 外部宣传	11	2	2	0	0	100
	B20 上传下达	13	2	0	0	0	100

5.1.3 北京市“高参小”项目体育发展工作指标体系二级指标最终确定

根据调查结果和专家的意见，编写组对北京市“高参小”体育发展工作指标进行修改后，形成了北京市“高参小”体育发展工作指标的预案，包括一级指标4个、二级指标21个（表10）。

表10 北京市“高参小”项目体育发展工作二级指标

一级指标	二级指标
A1 管理机构	B1 市级
	B2 校级
	B3 二级学院
	B4 专设部门
	B5 兼职校长
	B6 小学管理
A2 工作内容	B7 校本课程
	B8 社团建设
	B9 科研服务
	B10 体育文化
	B11 教师培训
	B12 课外活动
	B13 运动队训练

续表

一级指标	二级指标
A3 人员情况	B14 人员构成
	B15 资质情况
	B16 培训情况
	B17 履职情况
A4 信息情况	B18 内部沟通
	B19 外部宣传
	B20 上传下达
	B21 内部宣传

5.1.4 北京市“高参小”项目体育发展工作指标体系三级指标咨询结果

为使指标体系更加具体全面，在二级指标体系基础上，编写组对部分二级指标进一步详细分类，起草并筛选了75项三级指标，其中70项认可率达到100%（表11）。专家对三级指标的起草情况基本认可。

表 11　北京市“高参小”项目体育发展工作三级指标重要性调查统计

一级指标	二级指标	三级指标	人数					认可率/%
			很重要	重要	一般	不重要	很不重要	
A1 管理机构	B1 市级	C1 机构设置	13	1	1	0	0	100
		C2 管理程序	13	1	1	0	0	100
	B2 校级	C3 机构设置	14	1	0	0	0	100
		C4 管理程序	14	1	0	0	0	100
	B3 二级学院	C5 机构设置	13	2	0	0	0	100
		C6 管理程序	13	1	1	0	0	100
		C7 管理事务	13	1	1	0	0	100
	B4 专设部门	C8 管理实务	10	2	3	0	0	100
		C9 管理程序	13	1	1	0	0	100
	B5 兼职校长	C10 管理事务	15	0	0	0	0	100
		C11 管理程序	14	1	0	0	0	100
	B6 小学管理	C12 管理事务	13	1	1	0	0	100
		C13 管理程序	11	2	2	0	0	100
A2 工作内容	B7 校本课程	C14 开发数量	14	1	0	0	0	100
		C15 涉及项目情况	13	1	1	0	0	100
		C16 开发教材情况	11	2	2	0	0	100
		C17 辅助材料情况	10	3	2	0	0	100
		C18 惠及学生数量	13	1	1	0	0	100
		C19 开展周学时	14	1	0	0	0	100

续表

一级指标	二级指标	三级指标	人数					认可率/%
			很重要	重要	一般	不重要	很不重要	
	B8 社团建设	C20 开发数量	13	2	0	0	0	100
		C21 涉及项目情况	13	1	1	0	0	100
		C22 惠及学生数量	11	2	2	0	0	100
		C23 有否书面方案	10	3	2	0	0	100
		C24 开展周学时	15	0	0	0	0	100
	B9 科研服务	C25 课题研究情况	13	1	1	0	0	100
		C26 发表论文情况	12	2	1	0	0	100
		C27 学位论文选题情况	11	2	2	0	0	100
	B10 体育文化	C28 名人进校园	5	4	3	3	0	80
		C29 体育节	5	4	3	3	0	80
		C30 嘉年华活动	5	4	3	3	0	80
		C31 校园设施建设	13	1	1	0	0	100
		C32 竞赛活动	12	2	1	0	0	100
		C33 训练营	10	3	2	0	0	100
		C34 探访高校校园	15	0	0	0	0	100
		C35 其他	5	4	3	3	0	80
	B11 教师培训	C36 兼职教师实践培训	10	3	2	0	0	100
		C37 兼职教师理论培训	13	1	1	0	0	100
		C38 小学教师实践培训	11	2	2	0	0	100

续表

一级指标	二级指标	三级指标	人数					认可率/%
			很重要	重要	一般	不重要	很不重要	
		C39 小学教师理论培训	10	3	2	0	0	100
	B12 课外活动	C40 开发数量	15	0	0	0	0	100
		C41 涉及项目情况	13	1	1	0	0	100
		C42 惠及学生数量	12	2	1	0	0	100
		C43 有否书面方案	13	1	1	0	0	100
		C44 开展周学时	15	0	0	0	0	100
	B13 运动队训练	C45 开发数量	5	4	3	3	0	80
		C46 涉及项目情况	13	1	1	0	0	100
		C47 惠及学生数量	11	2	2	0	0	100
		C48 有否书面方案	10	3	2	0	0	100
		C49 开展周学时	15	0	0	0	0	100
A3 人员情况	B14 人员构成	C50 来源构成	11	3	1	0	0	100
		C51 年龄情况	13	1	1	0	0	100
		C52 学历情况	11	2	2	0	0	100
		C53 运动等级情况	10	3	2	0	0	100
		C54 教学经历情况	15	0	0	0	0	100
	B15 资质情况	C55 持证情况	13	1	1	0	0	100
	B16 培训情况	C56 参与次数	12	2	1	0	0	100
		C57 参与形式	12	2	1	0	0	100

续表

一级指标	二级指标	三级指标	人数					认可率/%
			很重要	重要	一般	不重要	很不重要	
		C58 考核情况	9	2	4	0	0	100
	B17 履职情况	C59 请假情况	14	1	0	0	0	100
		C60 换课情况	14	1	0	0	0	100
		C61 按时出勤情况	15	0	0	0	0	100
		C62 周学时情况	12	2	1	0	0	100
A4 信息情况	B18 内部沟通	C63 消息推送情况	15	0	0	0	0	100
		C64 消息推送媒介	13	1	1	0	0	100
		C65 消息推送时效	11	2	2	0	0	100
	B19 外部宣传	C66 消息推送情况	10	3	2	0	0	100
		C67 消息推送媒介	15	0	0	0	0	100
		C68 消息推送时效	11	2	2	0	0	100
	B20 上传下达	C69 消息传达时效	12	1	2	0	0	100
		C70 消息传达途径	13	1	1	0	0	100
		C71 上报消息时效	10	3	2	0	0	100
		C72 上报消息途径	14	1	0	0	0	100
	B21 内部宣传	C73 消息推送情况	15	0	0	0	0	100
		C74 消息推送媒介	11	2	2	0	0	100
		C75 消息推送时效	13	2	0	0	0	100

5.1.5 北京市“高参小”项目体育发展工作指标体系三级指标最终确定

根据调查结果和专家的意见对北京市“高参小”项目体育发展工作指标进行修改后，考虑“高参小”项目校园体育文化建设活动形式的多样性等问题，编写组保留了之前不太被认可的几个指标，以供参考，初步形成了北京市“高参小”项目体育发展工作指标的预案，预案包括一级指标 4 个、二级指标 21 个、三级指标 75 个（表 12）。

表 12　北京市“高参小”项目体育发展工作三级指标

一级指标	二级指标	三级指标
A1 管理机构	B1 市级	C1 机构设置
		C2 管理程序
	B2 校级	C3 机构设置
		C4 管理程序
	B3 二级学院	C5 机构设置
		C6 管理程序
		C7 管理事务
	B4 专设部门	C8 管理实务
		C9 管理程序
	B5 兼职校长	C10 管理事务
		C11 管理程序
	B6 小学管理	C12 管理事务

续表

一级指标	二级指标	三级指标
		C13 管理程序
A2 工作内容	B7 校本课程	C14 开发数量
		C15 涉及项目情况
		C16 开发教材情况
		C17 辅助材料情况
		C18 惠及学生数量
		C19 开展周学时
	B8 社团建设	C20 开发数量
		C21 涉及项目情况
		C22 惠及学生数量
		C23 有否书面方案
		C24 开展周学时
	B9 科研服务	C25 课题研究情况
		C26 发表论文情况
		C27 学位论文选题情况
	B10 体育文化	C28 名人进校园
		C29 体育节
		C30 嘉年华活动
		C31 校园设施建设
		C32 竞赛活动
		C33 训练营

续表

一级指标	二级指标	三级指标
		C34 探访高校校园
		C35 其他
	B11 教师培训	C36 兼职教师实践培训
		C37 兼职教师理论培训
		C38 小学教师实践培训
		C39 小学教师理论培训
	B12 课外活动	C40 开发数量
		C41 涉及项目情况
		C42 惠及学生数量
		C43 有否书面方案
		C44 开展周学时
	B13 运动队训练	C45 开发数量
		C46 涉及项目情况
		C47 惠及学生数量
		C48 有否书面方案
		C49 开展周学时
A3 人员情况	B14 人员构成	C50 来源构成
		C51 年龄情况
		C52 学历情况
		C53 运动等级情况
		C54 教学经历情况

续表

一级指标	二级指标	三级指标
	B15 资质情况	C55 持证情况
	B16 培训情况	C56 参与次数
		C57 参与形式
		C58 考核情况
	B17 履职情况	C59 请假情况
		C60 换课情况
		C61 按时出勤情况
		C62 周学时情况
A4 信息情况	B18 内部沟通	C63 消息推送情况
		C64 消息推送媒介
		C65 消息推送时效
	B19 外部宣传	C66 消息推送情况
		C67 消息推送媒介
		C68 消息推送时效
	B20 上传下达	C69 消息传达时效
		C70 消息传达途径
		C71 上报消息时效
		C72 上报消息途径
	B21 内部宣传	C73 消息推送情况
		C74 消息推送媒介
		C75 消息推送时效

5.2 “北京市高等学校参与小学体育发展工作”项目中“高”“小”合作的指标确定（第二轮）

根据“北京市高等学校参与小学体育发展工作”项目中“高”“小”合作指标预案构建的方法，编写组对修改之后的指标进行了第二轮专家咨询。第二轮咨询时充分考虑专家的积极性，在第一轮咨询专家中选取了12人发放了12份问卷，并全部收回。通过数据统计分析和专家意见反馈，最终形成“北京市高等学校参与小学体育发展工作”项目中“高”“小”合作评价指标。

6 结 论

（1）“北京市高等学校参与小学体育发展工作”开展近3年时间，北京体育大学和首都体育学院两所高校项目开展的工作内容呈逐年增加趋势，涉及“校本课程开发、课外活动开展、运动队训练、校园文化建设、教师培训、科学研究”等多个领域，参与人数和受益学生人数也呈逐年递增趋势，各项规章制度也逐渐健全，各项工作的开展目前已经走向正常化、常规化。

（2）随着项目逐年滚动开展，“北京市高等学校参与小学体育发展工作”也暴露出一些不可避免的客观性问题，包括高校和小学认识程度和推进水平不一致、基本理念存在差异、职责分工需要进一步明确、教学理念与小学融合度有待提高等方面，出于缓解矛盾、解决问题的目的，本研究构建了相应领域的项目开展模式，以供参考借鉴。

（3）“北京市高等学校参与小学体育发展工作”项目中“高”“小”合作的评价体系一级指标包括4项，分别是“管理机构、工作内容、人员情况、信息情况”，二级指标包括21项，三级指标包括75项，所建立的指标体系基本涵盖了“高参小”项目体育工作开展的各个领域。

7 “北京市高等学校参与小学体育发展工作”项目篮球运动可用技术练习资源

7.1 熟悉球性

7.1.1 原地熟悉球性

（1）双手击掌抛接球：双手将球竖直抛起，击掌一次或数次后再将球接住。

（2）双手后抛前接：双手将球持于体后腰际，利用手指手腕的力量控制球的方向和速度，使球从头顶飞过，于体前将球接住。

（3）双手前抛后接：与（2）方向相反，难度略大于后抛前接。

（4）提膝交接球：双腿交替抬起，膝关节可弯曲，一只手将球从腿下方递交到另一只手中。

（5）胯下“8”字围绕：双脚分开，比肩略宽，将球在胯下以从前往后（从后往前）的方向进行“8”字围绕，循环进行。

（6）单手后抛前接：单手持球于体后腰际，利用手指手腕的力量控制球的方向和速度，使球从异侧肩上飞过，并于体前将球接住。

（7）胯下交接球1：双脚分开与肩同宽，右手在体前、左手在体后将球于胯下持住，活动时将球在胯下空间内抛起，然后前后两手迅速交换，在球落地之前将球接住，连续进行。

（8）胯下交接球2：双脚分开，弓步站好，右手持球将球从胯下递交给左手之后，前后双腿迅速交换，左手再将球递交给右手，依次连续快速进行。

（9）持球踢腿：双手持球于头上，原地跳跃中交替踢腿，在每次踢腿最高点时，用球去触碰脚面，然后再次持球于头上，待下一循环再次用球去触碰脚面，连续进行。

（10）指尖托球：将球于手中旋转，使其具有一定的旋转速度，之后将快速旋转的球体置于食指指尖上，保持其继续旋转。

（11）胯下"8"字拨地滚球练习：双脚前后分开，与肩同宽或大于肩宽，动作要柔和，手随球走；重心降低，上体要前倾。

7.1.2 行进间熟悉球性

（1）行进间击掌抛接球：向前快速行走或者慢跑，其间将球抛起击掌一次（数次）后将球接住。活动中，可以逐步增加击掌次数，以此锻炼学生反应速度和动作速度。在抛接球的过程当中，注意保持原有的行进速度。

（2）行进间持球体转：弓步前行，单手持球，手臂伸直，以同侧手脚的方式进行体转。如右脚呈弓步在前时，右手持球向右侧进行体转；左脚呈弓步在前时，换至左手持球向左侧进行体转。

（3）行进间单臂肩绕环：弓步前行，单手持球，将持球手臂伸直，以从前向后的方向进行肩绕环，左右手均可练习。练习时注意以同侧手脚的方式进行。如右脚呈弓步在前时，右手进行绕环；左脚呈弓步在前时，左手进行绕环。

（4）行进间持球跳跃：踢腿跳跃向前行进，双手持球于头上，在踢腿最高点时，用球去触碰脚面，然后再次持球于头上，待下一循环再次用球去触碰脚面，依次连续进行。

（5）行进间弓步提拉球：弓步前行，单手将球从胸腹部位提拉至头上方最高点，然后快速将球带回胸腹部位并双手持球，换手进行，注意采用同侧手脚的前进方式。

（6）行进间胯下“8”字围绕：双脚前后分开，比肩略宽，将球在胯下以从前往后（从后往前）的方向进行“8”字围绕行走，循环进行。步子要大，动作幅度要大；交接球时，要牢牢控制住球，将头略微抬起。

（7）慢跑单手左右抛接球：每人持一球，左手抛球，右手接球，两手交替进行。一只手抛球的落点刚好是另一只手上，抛球的高度适当，不宜太高。

（8）行进间前踢腿绕球练习：腿要踢直，球向上运动时，举到最高点。

（9）慢跑接高抛反弹球练习：持球人慢跑将球高抛，当球落地反弹时，双腿微屈，抬头向前看，五指自然分开，重心在双腿之间，双手迅速按住，按球的高度越低越好，球反弹的位置不要离身体太远。

贴　士

将直线行进路线改为曲线（折线）行进路线，可以适度增加活动难度。

7.1.3　双人配合熟悉球性

（1）原地双人推球体侧绕环。学生呈体操队形（图8）站立，两人持一球，面对面站好，两人双手均扶在球上，进行体侧绕环，尽量合作保持球不落地。

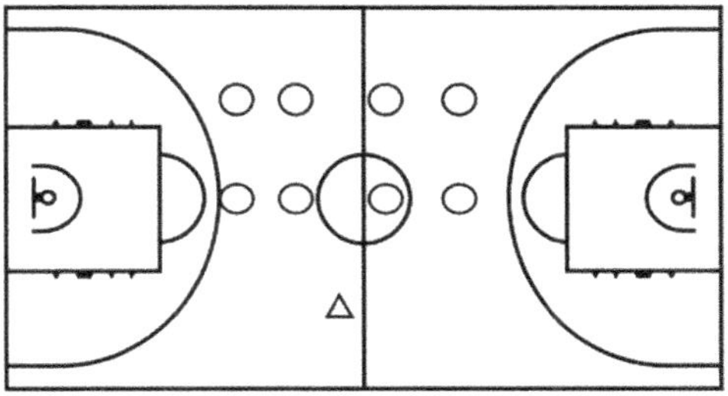

图8　双人配合熟悉球性练习队形

（2）原地双人扶球“推手”。方法基本同（1），两人双手扶球互相推拉球。

（3）两人背对背相距5米左右，双腿分开将球从胯下反弹传给同伴后，转身接同伴传来的球，反复进行。

（4）两人背对背相距5米左右，将球向同伴反弹传出后，快速移动至同伴的位置，接住自己传出的球，随之两人位置互换。

（5）两人同时传球，可采用双手胸前、体侧、背后等多种传球方式。

（6）两人面对面，其中一人低运球的同时，单手与对面同伴完成传接球，两人交替进行。

（7）两人面对面，其中一人低运球的同时，单手接住对面同伴近距离传来的球，然后传回给同伴，两人交替进行。

（8）两人面对面，每人手持一球，听口令将球抛向空中，同时两人交换位置接球，接球的同时跳步急停，双手持球于胸前，重心在双脚之间。

7.1.4 运球类熟悉球性练习

练习队形如图9所示。

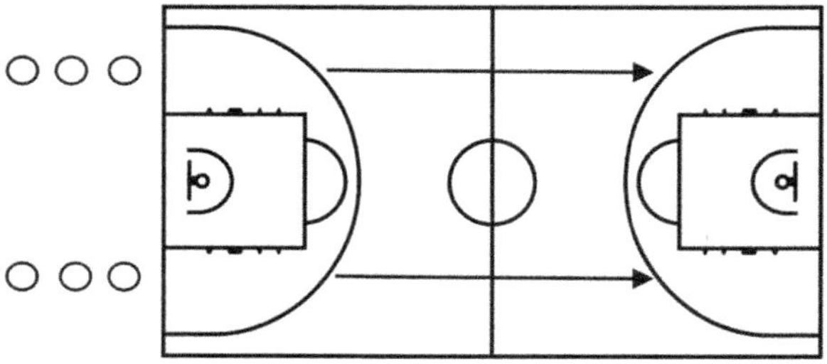

图9 运球类熟悉球性练习队形

（1）单手行进间低运球：以右手运球为例，左手背在身后，右手持续保持低运球行进，注意身体重心的控制。

（2）单手行进间提拉运球：以右手运球为例，左手背在身后，右手于体前进行单手变向“V”字形提拉运球，球的反弹高度尽量不超过膝关节。

（3）行进间体前换手运球：保持低重心，双手体前变向运球，球的反弹高度尽量不超过膝关节，球的运行轨迹为“V”字形。

（4）行进间体前变向点拨运球：保持低重心，低运球一次后快速将球点拨至对侧手方向，再由对侧手重复上述过程，反复进行，球的反弹高度尽量不超过膝关节。

（5）侧向运球：学生侧向以类似滑步的步法行进，同时单侧手运球，注意身体协调。

（6）进退运球：单侧低手运球，听教师哨声信号，第一声哨运球前进，第二声哨运球后退，再听到哨声继续前进。以此类推。

练习拓展

所有上述前进型练习都可以后退方式进行练习，培养协调性。

注意事项

（1）练习之前教师要强调身体重心的稳定性。

（2）学生要努力完成全程练习。

（3）在练习过程中学生要抬头直背行进。

7.2 软梯练习

（1）立于“梯”后，正对跑进方向，半高抬腿，一只脚踏进一格依次跑过。

（2）立于“梯”后，正对跑进方向，两只脚先后踏进一格，向前跑进。

（3）正对跑进方向，左脚踏在第一格内，右脚在格后，练习开始：右脚踏进前格（第二格），同时左脚原地踏步→左脚踏进前格，右脚原地踏，以剪绞的方式快速前行。

（4）侧对跑进方向，两只脚先后踏在格内，以侧跨（滑）步的方式一次一格快速前行。

（5）正对跑进方向，单腿快速跑进，一步一格。

（6）侧对跑进方向，单腿快速跑进，一步一格。

（7）站在格的侧方，侧对跑进方向，右脚踏在第一格内，左脚在格外，练习开始：左脚踏进第二格，同时右脚踏回左脚位置→左脚踏回第二格外，同时右脚踏进第二格，以剪绞的方式，快速侧向移进。

（8）站在格的左侧方，侧对跑进方向，练习开始：右脚进第一格→左脚进第一格→右脚退至第二格外→左脚至第二格外，两只脚依次踏进格—踏出格—侧移至下一格外，踏进—踏出，快速斜向移进。

（9）站在格的左侧方，正对跑进方向，练习开始：右脚进第一格→左脚进第一格→右脚出格（格的右侧方）→左脚出格并右脚→左脚进第二格→右脚进第二格→左脚出格（格的左侧方）→右脚出格，呈“>”“<”形快速跑进。

（10）站在格的左侧方，正对跑进方向，练习开始：左脚进第一格→右脚至第一格外（格的右侧方）→左脚出格并右脚→右脚进第二格→左脚至第二格外（格的左侧方）→右脚出格并左脚，似“转髋跑”斜向跑进。

（11）正对跑进方向，双脚骑跨在格外，练习开始：轻跳进第一格→双脚轻跳分落在第二格外→轻跳进第二格，快速连续开合跳进。

（12）一步一格的后退跑和双脚依次进一格的后退跑。

要点提示

(1) 所有的跑和移动的身体姿态都是篮球场上应保持的基本站立姿势。

(2) 所有的跑进都是用前掌脚，都是快频率，带有节奏感，最后终点时接近极限。

(3) 此练习应放在准备活动之后、学生的状态较佳时进行。一次课中可随机安排以上的部分内容，每项练习可做1~2次，也可循环进行。

(4) 练习时，一路纵队，保持适宜间距，每做完一项练习，都须（放松走）回到起点；也可适当安排诸如跳（跨）步急停、"V"字形跑。

(5) 文中的"左右脚"只是为了表达清晰，有的练习时也可从格的右侧方进行。

注意事项

如果没有软梯，则可用宽胶带（5厘米）在场地上粘贴或用油漆画出：由数十个边长35~40厘米的正方形相连所组成的格子。练习时，双脚依次踏进格子，而不踩踏触及胶带，胶带即"边"，起到限制的作用。

7.3 移动技术

7.3.1 起　动

动作方法：按基本姿势站立，向前起动时上体迅速前倾，向前移动重心，一只脚用力蹬地，另一只脚迅速向前跨出。向侧起动时，向起动方向一侧移动重心，上体迅速转向起动方向，异侧脚用力蹬地，同时脚尖转向起动方向，并向起动方向跨出。

动作要点：移重心，猛蹬地，快跨步，快频率。

7.3.2 后退跑

动作方法：跑动时，背对前进方向，既要保持奔跑速度，又要保持身体平衡，双手自然放在体侧摆动，密切注意观察场上情况。

动作要点：上体自然后倾，背对跑动方向，眼睛平视身体前方，随时准备防守。

7.3.3 跳步急停

动作方法：跑动中用单脚或双脚起跳，使双脚稍有腾空。上体稍后仰，双脚平行或前后同时落地（略宽于肩），形成进攻基本站立姿势。

动作要点：落地时动作轻盈，身体在空中稍向任何一个方向自然侧转，以缓和前冲速度。落地后迅速降低重心，保持身体平衡。

7.3.4 跨步急停

动作方法：急停时先向前跨出一大步，用脚跟先着地并迅速过渡到全脚抵住地面，降低重心，身体稍后仰。第二步落地的同时，两膝深屈并内扣，身体稍侧转，双脚尖自然转向前方，前脚掌内侧用力抵住地面制动向前的冲力，上体稍后仰，两臂屈肘自然张开，然后上体迅速自然前倾帮助控制身体平衡。

动作要点：第一步要用脚外侧着地，微屈膝。第二步落地的同时用前脚掌内侧蹬地制动前冲速度，屈膝降低重心，腰胯用力。

7.3.5 转身（后转身）

定　　义：移动脚向中枢脚脚跟方向移动为后转身。

动作方法：中枢脚蹍地旋转，移动脚蹬地并向自己身后撤步，同时，腰胯主动用力旋转，身体重心随着转移，保持身体平衡。后转身可在原地或行进间运用。

动作要点：腰胯带动躯干旋转，蹬跨有力，保持身体平衡。

7.3.6 抢断球跳步

动作方法：“之”字形慢跑，突然向侧前方跳起后做出抢断球动作，然后变向往另一侧跑动练习。

动作要点：起跳突然，身体伸展，要有起跳角度。

7.3.7 滑步+交叉步

动作方法：学生呈“之”字形滑步，并伴随快速交叉步后变向，向另一侧滑动。

动作要点：做交叉步时髋关节要随之转动，交叉步动作要迅速。

7.4 运球技术

（1）原地进行高运球活动，先从强侧手开始，之后进行弱侧手的活动。

（2）原地进行低运球活动，先从强侧手开始，之后进行弱侧手的活动。

（3）单侧手高低运球结合活动，在运球过程当中，听到信号则变换运球方式，如第一声信号由高运球变为低运球，第二声信号则由低运球变换为高运球。

（4）有节奏地变换活动形式，高运球两次，紧接着低运球三次，高运球两次……

（5）技术掌握之后，可以加快活动节奏和活动时间，在规定时间内，保证动作质量，完成活动内容。

（6）两人一组面对面进行运球活动，其中一人为引领者，进行高低运球的变换活动，另一人注意关注自己的同伴，在同伴变换运球的第一时间随其改变运球方式。

（7）两人一组面对面活动，在一只手运球过程中可以相互上步，用另一只手干扰对方运球，同时要注意保护好自己的球不被打掉。

（8）学生依次从端线出发，运球绕过地上 3 个障碍物（障碍物摆放位置如图 10 所示）的外侧进行曲线运球。

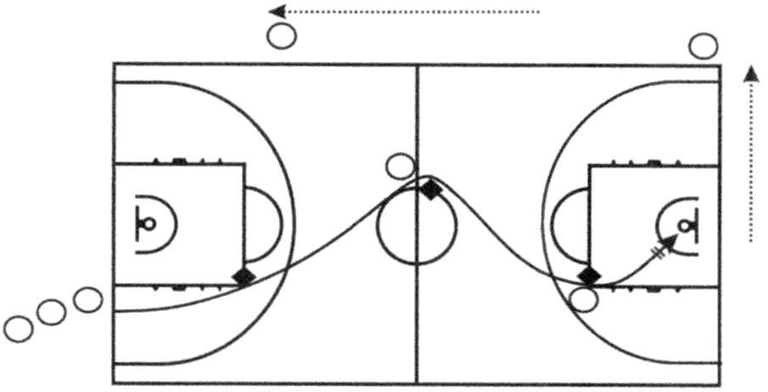

图 10 障碍物摆放位置

（9）运球后退：低运球，向后行进，以反向活动方式锻炼手脚的协调性。

（10）行进间单手提拉运球：以右手运球为例，左手背于身后，在行进过程中身体重心降低，单手进行体前提拉运球，手指手腕要按压球的侧上方。

（11）急起急停运球，以右手为例，听哨声开始，发出第一声信号时，持球人运球出发，当第二声信号响起时，学生即刻停止，进行原地运球，依次进行，直到指定终点。在快速运球中，突然急停时，手拍按球的前上方。运球急起时，迅速起动按拍球的后上方，要注意用身体和腿保护球。

（12）快速运球急停后加速，学生从篮球场端线出发，加速运球到中线，急停后退运球到罚球线后加速运球到另一端线位置。

（13）一人持球加速运球，在通过摆放好的障碍物前进行后退运球 2 ~3 步，即刻体前变向换手，依次进行。后退运球时按拍球的前上方；体前变向以右手为例，右手拍球右侧方，球从体前变方向，上体侧转压肩，同时加速运球。

（14）行进间背后变向运球，通过障碍物时利用背后换手运球的方式进行。同时，两膝微屈，身体前倾，五指分开按拍球，左右拉拍球外侧，体后换手变方向。

（15）行进间过障碍物变向运球，将障碍物摆放呈“Z”字形，学生持球出发在障碍物前做变向运球，手指触球，掌心空出，向左变向时右腿发力，向右变向时左腿发力，身体重心转移要迅速，按拍球部位要正确、熟练，变向要迅速，换手要及时。

（16）行进间胯下运球，将障碍物摆放呈“Z”字形，学生持球出发在障碍物前做胯下变向运球，手指触球掌心空出，向左变向时右腿发力，向右变向时左腿发力，身体重心转移要迅速，按拍球部位要正确、熟练，变向要迅速，换手要及时。

7.5 行进间变向运球技术

练习队形如图 11 所示。

（1）徒手练习：徒手进行技术动作的练习，主要任务在于体会脚下动作和身体重心的变化。

（2）体前变向运球完整练习 1：学生带球进行完整技术动作的练习。

（3）体前变向运球完整练习 2：设置障碍物为假想防守人，学生遇到假想的防守人之后进行技术动作练习。

（4）连续体前变向运球：可以适当缩短障碍物（假想防守人）之间的距离，锻炼学生短距离连续体前变向动作的熟练性。

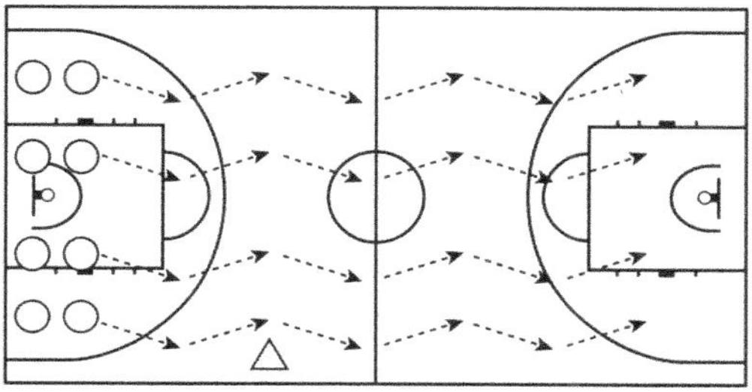

图11 行进间变向运球练习队形

练习拓展

（1）弱侧手变向运球：强侧手熟悉动作之后，弱侧手也要进行练习。

（2）可将障碍物替换为固定防守人，防守人脚下不要移动，运球人体会连续变向时“侧肩、上步”的环节。

7.6 传接球技术

（1）侧向传接球：参加活动的学生侧向相对，面朝同一侧，进行原地双手胸前传接球，要注意：传球时，将球传到自己同伴身体前方，大约30厘米处为宜；接球时，如果在身体侧面接球，要体会接球后由体侧将球引回腹部的过程，之后再开始下一传球环节。

（2）传球时，固定其中一人的位置，另一人可以在活动过程中纵向前进或者后退适当的距离（以保证安全为宜），使得两人之间的距离变化起来，增加活动的难度，强化活动者在两人距离连续变化中传接球的手感。

（3）双人双球传接球：两人一组，每人拿一球，两人均右脚跨一步传球给对方后，回原有位置接球，连续进行，少量多次活动。

（4）短传推进1：两人一组，匀速跑动过程中完成传接球动作。活动过程中注意传接球动作要快，以免构成走步违例。

（5）短传推进2：两人一组，短传推进，每次传球后短距离加速，再准备接球，推进至对面端线后，活动暂停。

（6）三人短传推进1：中路的学生拿一球，活动开始后，三人一起直线向前行进，持球的学生先将球传给边路一同伴，接到回传球后，转身将球传给另一同伴；再接回传球，再转身传球，如此方式推进至对面篮下后停止。

（7）三人短传推进2：同上一活动，传球至对面篮下后，将球交给中路学生，边路的两名学生溜底线交换位置，中路持球的学生转身继续传球，回到原起点后活动停止。

（8）迎面跑接传球：学生分两组纵队，相距5米面对面站立，一组第一名学生持球，听到哨声后，持球人击地传球给对面的同伴，并迅速从右侧跑向对面组的队尾，依次循环进行。

（9）将学生分成5～6人一组的多个小组，呈纵队站立，每组第一人站在距离队伍5米处，与持球的第二人面对面。练习开始，持球人将球传给对面同伴后，从右侧向其跑动，接球者接球后将球传给第三人，随后从左侧跑至传球处，第三人再将球传给已经跑到接球位置的第二人，并向其跑动，依次进行。

（10）四角传球练习：学生分组站成正方形，一人持球，逆时针跑动，将球传给同伴，并从同伴的外侧跑向其队尾，依次循环进行。

（11）两人一球，行进间击地传球练习：两人一组面对面站立，站在场地的端线，听到哨声后，两人侧身向前跑动，同时持球人开始击地传球给同伴，接球者接到球后迅速将球回传，依次进行。传球者双手持球于胸腹之间，两肘自然弯曲于体侧，击球点选择在同伴的斜前上距离接球人 1/3 的位置。

7.7 投篮及上篮技术

（1）原地徒手投篮练习：徒手进行完整原地单手投篮动作的练习，熟悉技术动作的各个环节。

（2）两人一组对投练习：两人一组一球，互相给对方手中投球，体会压腕、拨球动作，观察球体在空中是否正确旋转，学会控制球的飞行方向。

（3）接球跑动单手投篮 1：每人持一球，原地抛球后接球做上篮动作，面向同一个方向做集体练习，抛球高度适中，接球的同时向前走两步，同时脚下蹬地，重心上提，单手持球举过头顶，当身体重心接近最高点时，手臂和身体充分向上伸展，用手腕和手指的力量将球向篮筐投出。

（4）接球跑动单手投篮 2：两人一球，前面的学生手臂伸直持球于体侧，后面的学生跑动上前拿球做上篮动作，每位学生做完动作后即可跑回指定位置，伸直手臂让同伴做同样的练习，依次重复。

（5）接球跑动单手投篮 3：两人一球，传球者单手持球于体侧，待同伴跑近后，单手将球轻轻抛起，由同伴接球上篮，抛球高度适中，抛球后迅速抢篮板球，上篮的学生做完动作迅速跑到传球位置抛球。

（6）接球跑动单手投篮 4：两人一球，传球方式自选，接球者双手接球上篮，前脚掌起跳，身体充分向上伸展，掌心向上，用手腕和手指的力量将球向篮筐投出。

（7）0 度角投篮：如果动作掌握情况良好，可以于 0 度角进行练习，由于视觉角度不同，在 0 度角投篮时尤其应注意投出去的球的抛物线弧度要高。

（8）接中距离传球单手肩上投篮：提高脚下自我调节能力。

（9）接反弹传球单手肩上投篮：根据情况可以将传球方式加以改变，采用反弹传球的手法来进行。

（10）接外侧球单手肩上投篮：传球人改变位置，位于边线附近传球，学生在接球后，需增加调整身体朝向的动作方能正常投篮。

（11）投篮练习可以通过调整出发点距离球篮的位置和与球篮之间的角度（30 度、60 度）等来改变练习难度。

（12）投篮练习可以从弱侧（非习惯用手一侧）开始，以增加练习难度，全面掌握技术。

（13）技术动作达到比较熟练的程度之后，在练习过程中，可以假设防守人，采取“之”字形上篮路线。

（14）全场直线加速运球投篮：每人持一球，听到哨声，持球人快速运球并上篮。运球时，双膝稍弯曲，上体前倾，前臂用力，用手指、手腕的力量按压球，球的落点在同侧脚的前侧，行进时步法要与球弹起的节奏协调一致。

（15）全场曲线加速运球投篮 1：每人一球，听到哨声，持球人快速运球并上篮。运球时绕过摆放的障碍物，在进行运球过程中不换手，同时注意侧身，按拍球的后上方，球的落点在同侧脚的侧前方，行进时步法要与球弹起的节奏协调。

（16）全场曲线加速运球投篮 2：动作方法同练习 1，要求在运球的过程中遇到障碍物必须换手，做变向运球动作。

（17）连续投篮：两组呈纵队站在篮板后面两侧的位置，除右侧第一人外，其余每人一球。听到哨声后，右侧第一人迅速侧身向左侧跑动接左侧第一人传来的球并投篮，左侧第一人再向右侧跑动接右侧第二人传来的球并投篮。依次进行。

（18）全场行进间两人短传快攻投篮：两人一球，面对面站立，侧身跑动传接球，传球后即可加速向前跑动，速度由慢到快，两人之间距离由近至远，传球者传球位置为跑动人员的斜前方。

（19）行进间直线推进传接球（衔接上篮）：三人一组三角形站位，中间的学生持球，听到哨声后，三位学生开始向前跑动（两侧学生侧身跑，身体面向场地内），同时中间学生将球传给一侧，接球者接到球后迅速将球传回中间，另一侧学生直线加速侧身跑，至对面三分线45度位置切入快下接球上篮。

（20）行进间曲线推进传球练习（“8”字围绕）：三人一组，中间的学生持球，听到哨声后，中间的学生将球传给一侧，同时向接球者身后方向跑动，接球者顺势将球传给对面的学生同时向接球者身后方向跑去，依次进行。

（21）交叉步突破上篮。

原地自抛接球练习。每人持一球做自抛球动作，向上方抛球，略高于头顶，单脚蹬地跳步急停接球，双脚平行落地，再衔接交叉步持球突破上篮。

自抛接球练习。每人持一球做自抛球动作，向前上方抛球，略高于头顶，单脚蹬地随球向前做跳步急停接球，双脚平行落地，再衔接行进向交叉步持球突破上篮。

两人一球，交替练习交叉步突破。先用假动作使防守队员重心左移，同时向中枢脚的方向跨步，跨步时（以左脚做中枢脚为例），两膝微屈，左脚用力碾地，右脚用力蹬地向左侧前方跨出，上体向左侧转动并前倾。左手推放球于右腿前侧，快速超越对手投篮。

两人一组，分别站在指定的位置上，持球人将球传给接球人，接球人接到球后迅速做交叉步突破动作。以右侧手为例，突破时，用左脚脚掌内侧向后方用力蹬地，迅速向防守人左侧跨出一大步，同时弯腰屈膝转探肩，贴近对手身体；右手放球于右脚侧前方；迅速蹬地跨步，加速超越对手。

7.8 组合技术

7.8.1 全场“反弹传接球—运球—上篮”组合练习

如图12所示，练习的学生从端线出发，将球反弹传给位于罚球线延长线的接球人，接到回传球后外侧手运球一次，再反弹传给第二点，接回传球后运一次再传给第三点，后接球直接上篮。

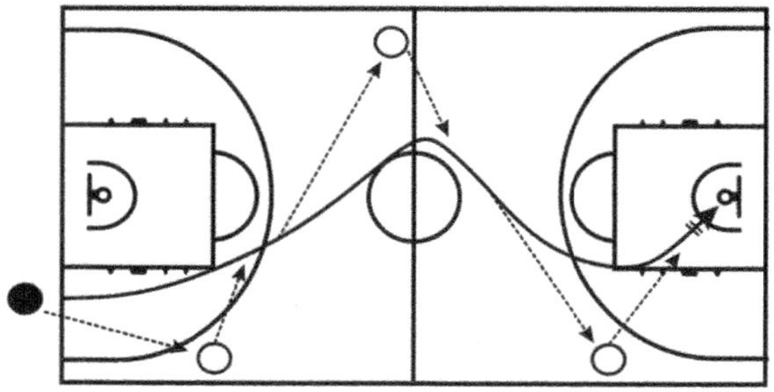

图12　全场“反弹传接球—运球—上篮”组合练习示意图

7.8.2 全场“反弹传接球—上篮”组合练习

队形如图12所示。在练习过程中，学生只通过反弹传接球完成，在行进过程中不再运球。

7.8.3 两人一组“反弹传接球—上篮”组合练习

如图13所示，两人一组，在匀速跑动过程中完成反弹传接球动作，上篮。

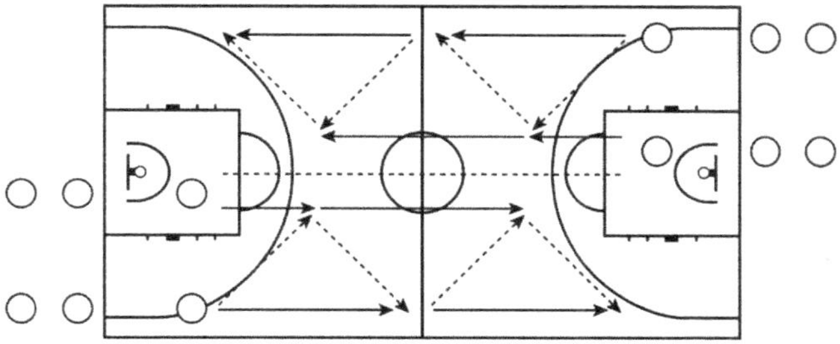

图13 两人一组“反弹传接球—上篮”组合练习示意图

7.8.4 半场“反弹传接球—上篮”组合练习

练习的学生先将球传给教师（同伴），向篮下跑动，接回传球（反弹传球）后直接起步完成技术动作。（图14）

（1）在完整练习过程中，学生进一步学会调整脚下步法，并在运球与持球衔接环节加快速度。

（2）起跳时，脚向上用力，克服前行惯性。保证投篮时身体所处的合理位置。

（3）身体腾空后，腰腹用力保持空中身体平衡，与此同时完成投篮动作。

（4）提前调整好步法，保证起步脚正常落地，是顺利完成技术动作的关键环节。

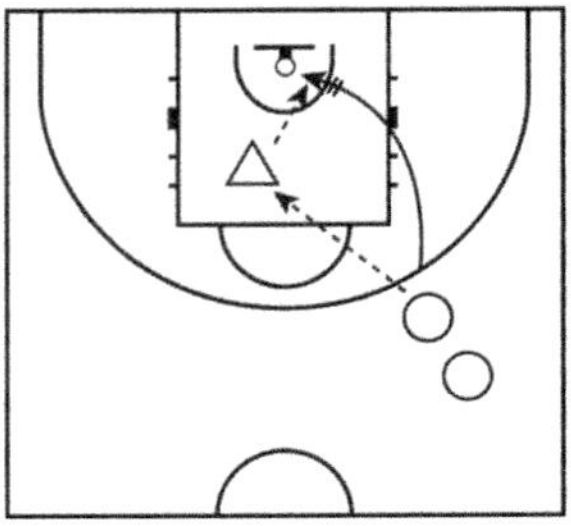

图 14　半场“反弹传接球—上篮”组合练习示意图

（5）可以通过调整出发点距离球篮的位置和与球篮之间角度（30 度、60 度）等来改变练习难度。

（6）可以从弱侧（非习惯用手一侧）开始练习，以增加练习难度，全面掌握技术。

7.8.5　“传接球—突破—上篮”组合练习 1

学生于正对篮处将球传给接应人后，向接应人移动，接到回传球后突破上篮。（图 15）

（1）接应人回传球不要过早。

（2）练习人接到回传球后，急停位置与接应人的距离为一臂左右，不宜过近或过远。

7.8.6　“传接球—突破—上篮”组合练习 2

练习的学生将球传给接应人后，向标志桶移动，接到回传球后，急停突破上篮。（图 16）

（1）接球后突破，注意不要走步。

（2）达到一定熟练程度后可以将标志桶换成防守人，消极防守。

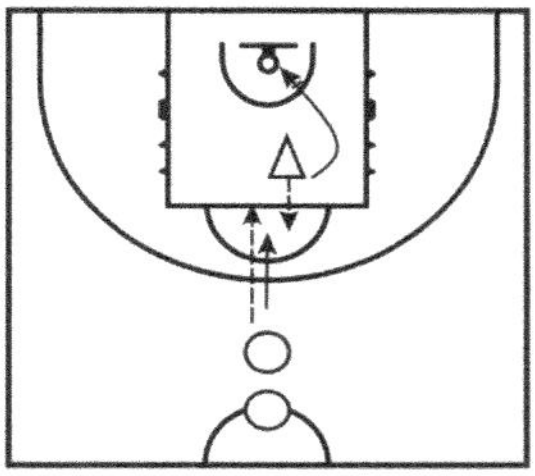

图 15　“传接球—突破—上篮”组合练习 1 示意图

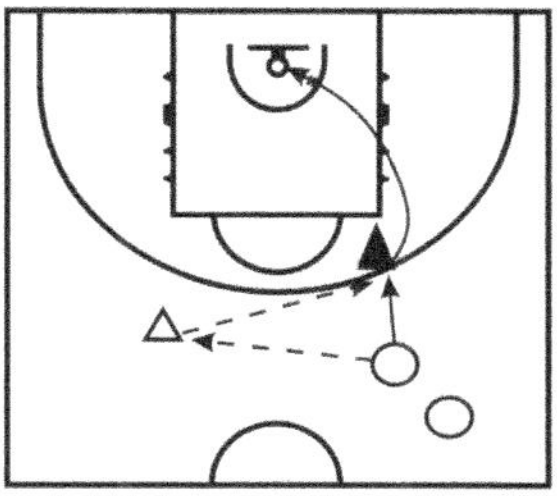

图 16　“传接球—突破—上篮”组合练习 2 示意图

7.8.7　运球组合技术练习

本练习可以对所学技术进行多种组合应用。

（1）“变向—急停—急起—上篮”组合技术。

（2）“变向—上篮”组合技术。

（3）“突破—变向—上篮”组合技术。

（4）“突破—多次变向—上篮”组合技术。

7.8.8　“传球—运球—上篮”组合技术练习

本练习可在全场范围内开展，将传接球、变向运球、上篮等技术任意组合进行练习。

如图 17 所示，④号队员先将球传给⑤号队员后起动，接到回传球后转身变向运球，然后传球给⑥号队员，并向篮下移动接到回传球后上篮，抢到篮板球后背向变向运球，传球给⑦号队员，移动至⑦号队员面前，接到回传球后突破上篮。

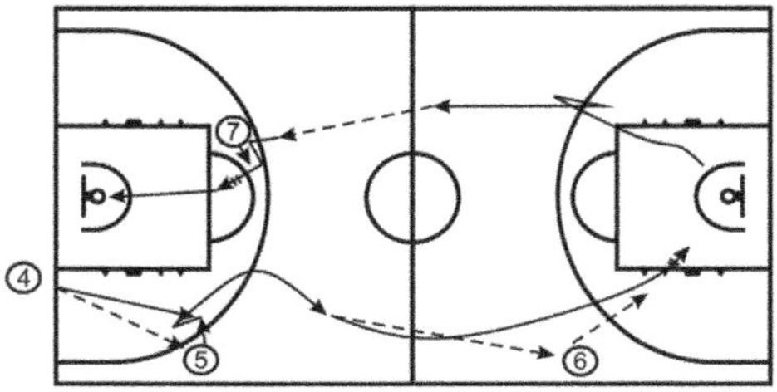

图 17 “传球—运球—上篮”组合技术练习示意图

注 意

在类似的练习过程中，学生要逐步养成侧身跑、弧线跑的习惯，为今后学习配合奠定基础。

7.8.9 增加防守的组合技术练习

练习要适当安排消极防守，慢慢过渡到积极防守，提高技术运用能力。

7.8.10 灵活形式组合练习

教师在课上可以请学生设计组合技术练习方式，激发学生的练习积极性，活跃课堂气氛。

7.8.11　抢篮板球后长传上篮练习

如图 18 所示，一人抢篮板球，另一人快下，抢到篮板球后，运球1 ~2 次，长传给同伴上篮。

要求：快下要沿边线，接球后尽量直接上篮，不运球。

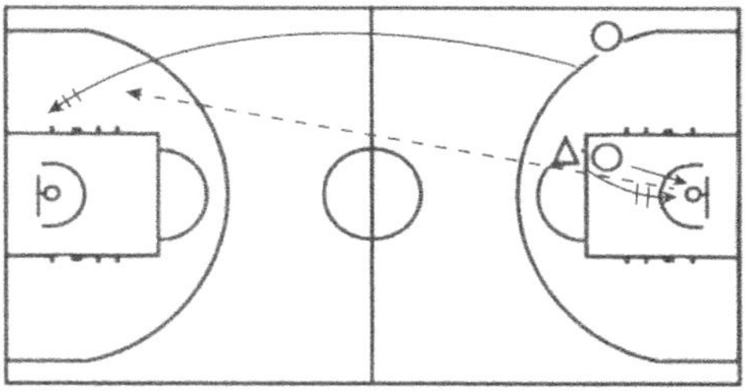

图 18　抢篮板球后长传上篮练习示意图

7.8.12　插中接球长传上篮练习

与上一练习类似，学生三人一组，其中一人抢到篮板球后，一传给插中的同伴，后由接一传者长传给第三人，由第三人接球上篮。

要求：一传要快，快下要沿着边线跑动，接球后尽量直接上篮，不运球。

7.8.13　突破分球后接回传球上篮练习

如图 19 所示，摆放两个标志桶作固定"防守人"，学生持球突

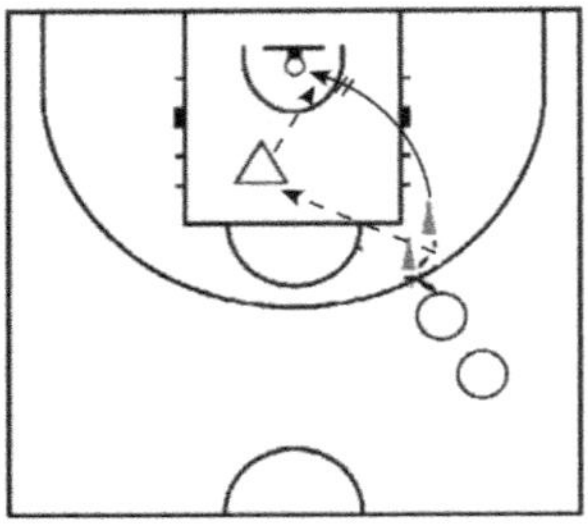

图19 突破分球后接回传球上篮练习示意图

破第一个“防守人”后，遇到补防队员，将球分出，徒手摆脱至篮下接球上篮。

此标志桶摆放方法也可以用于“突破+体前变向运球+上篮”练习。

要求：

（1）突破时步法正确，不走步。

（2）技术之间衔接要连贯。

（3）练习尽量保证视野宽阔，不要与防守人发生碰撞。

7.8.14 无球队员摆脱防守接球后一对一，后分球给同伴练习

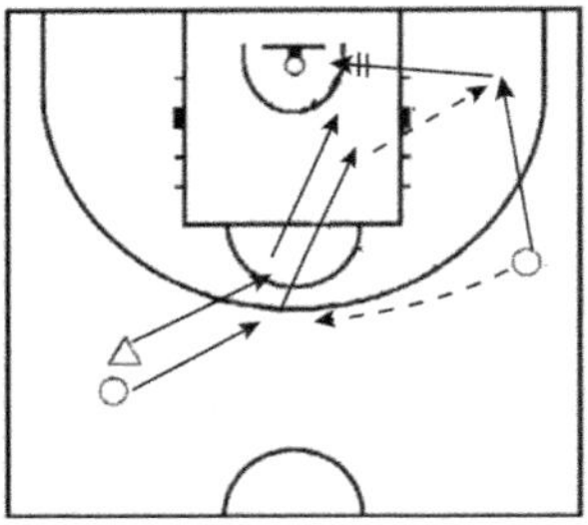

图20 无球队员摆脱防守接球后一对一，后分球给同伴练习示意图

如图20所示，球员在三分线外，徒手摆脱防守后，接同伴传球一对一向篮下突破，后将球分给移动到新位置上的同伴，由他来完成上篮或投篮。

要求：

（1）摆脱、接球、运球突破、传球等技术要衔接流畅。

（2）分球时机要合理，不要让同伴等候。

（3）防守队员要同时完成防守无球队员和有球队员的任务，须注意脚下步法的调整。

（4）完成一传后，传球队员要及时移动。

7.8.15 行进间投篮练习

学生分成两组，在两个半场内每人一球运球到篮下投篮，自抢篮板球，然后到队尾排队。依次循环练习。

7.8.16 传接球行进间投篮练习

学生分成两组，一组持球，另一组不持球，持球学生将球传出后跑上接回传球，切入上篮。上篮的学生到传球的一组站立，传球的学生抢篮板球后到上篮一组后面站立。

7.8.17 移动中连续传接球上篮练习

如图 21 所示，学生从端线出发，将球传给第一接球人，接到回传球后继续将球传给第二接球人，再次接到回传球后上篮。

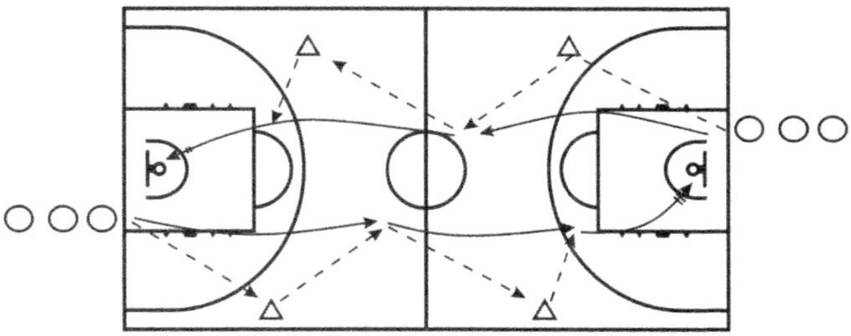

图 21 移动中连续传接球上篮练习示意图

要求：

（1）全程尽量不运球。

（2）传球到位，练习连贯。

7.9 防守有球队员

（1）半场一对一练习：先从防无球队员开始，一人接球后，防守人练习防投、防突。练习一定次数后攻守交换。

（2）全场一对一防运球练习。

（3）半场二对二、三对三攻守练习。

注意事项

（1）进攻由慢到快，防守注意选位。

（2）防守时身体姿势稳定，移动步法不乱。

（3）选位恰当，做到人球兼顾。

7.10 防守无球队员（防空切）

基本方法：

（1）当自己防守的对手处在强侧时，因其靠近球，随时都有接到球的可能，所以要全力封锁对手接球，同时尽量控制对手向篮下切入。防守队员应采取错位防守，即站在对手与球篮之间偏向有球的一侧。

当对手处于弱侧时，因其距离球远，威胁较小，为了协助同伴加强对有球一侧的防守，也便于控制篮板球，防守队员应向球和球篮方向靠拢，采取松动防守。

在防无球队员时，始终要保持“球—我—他”的原则，即防守队员要处于对手与球之间，与对手、球呈钝角三角形站位。防守距离要根据对手与球、球篮的距离而定，做到近球上、远球放，人、球、区兼顾，控制对手接球。

（2）站位姿势：当进攻队员离球较近时，应采用面对对手、侧向球的姿势，用双脚将对手罩住，近球手臂扬起，封锁其接球路线；另一手臂平伸，用以协助判断对手向远离球方向的移动。当进攻队员离球较远时，可采用面向球、侧向对手的姿势，两臂自然侧伸，便于断球和进行协防。

（3）移动步法：防守队员根据球的转移和对手的移动，使用上步、撤步、滑步、交叉步和跑动等脚步动作，堵截对手摆脱移动路线，抢占有利的防守位置，不让对手在有威胁的进攻位置上接球。

练习方法：

（1）防纵切：如图22所示，⑤持球，❹错位防守，堵对手离球近的一侧。对手向篮下空切应注意以下原则：对手向球跑，堵其前面；对手背向球跑，跟其后面。目的都是卡堵对手离球近的一侧，切断其接球路线。

（2）防横切：如图23所示，⑤持球，④横切向球跑要球时，

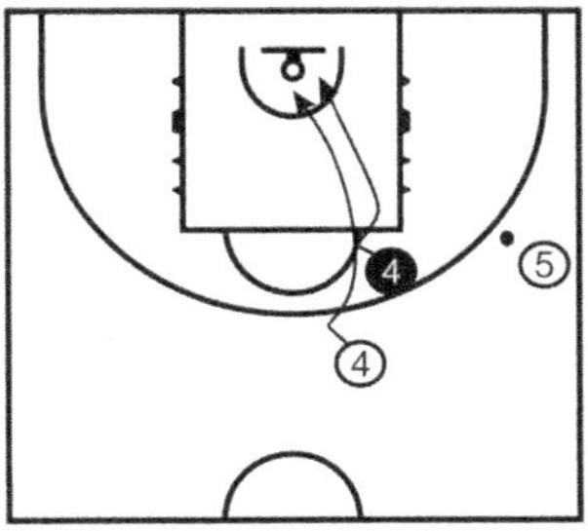

图22　防纵切示意图

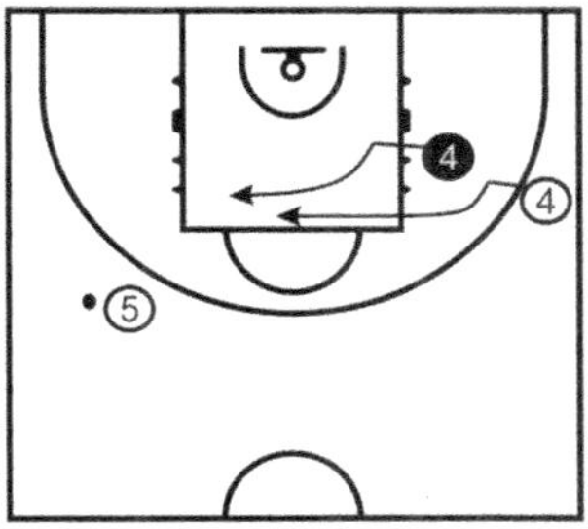

图23　防横切示意图

❹一定要用左脚迎上堵截，不让④从自己的身前切入得球。❹要用眼睛余光观察⑤的传球意图，防止④在限制区内接球。总之，❹要卡堵对手离球近的一侧。

注意事项

随时调整脚下步法，封住对手靠近球的一侧，不让对手在限制区内接球。

7.11 游戏资源

7.11.1 熟悉球性类

❖ **游戏名称：黑暗大战**

游戏器材：眼罩每人1个、篮球每人1个。

游戏目的：提高手对球的控制能力。

游戏方法：学生平均分成4组，排成4路纵队站在起点，左右学生间隔1.5米。第一排学生戴上眼罩，手持球，听教师口令，开始运球，1声哨是原地低运球，2声哨是行进间运球，到终点后，下一组学生再出发。

注意事项：

（1）因为戴着眼罩，所以要注意安全。

（2）运球注意力要集中，耳朵要听教师的哨声来判断如何运球。

❖ 游戏名称：运球小达人

游戏器材：篮球每人1个。

游戏目的：通过运球和移动来提高控球能力。

游戏方法：学生分成2组，在一定的区域内，第一组学生先上，在规定的时间内去抢断别人的球，剩下3名学生时，第二组再开始进行，也是剩下3名学生，最后再进行“运球小达人”称号的争夺。

注意事项：

运球中去断别人的球，自己的球不能丢掉。

7.11.2 运球类

❖ 游戏名称：毛毛虫

游戏器材：篮球4个。

游戏目的：熟悉球性，增强手对球的控制能力。

游戏方法：先将参与活动的学生分成4大组，各组学生按点的位置（或者呈4列横队）站好，各排排尾拿1个篮球。活动开始后，排尾以“S”形路线从同伴之间运球移动至排头。新排头将球从各同伴胯下滚回排尾，新的排尾拿球后继续进行游戏。直至原来的排头重新回到队伍排头位置（图24）。

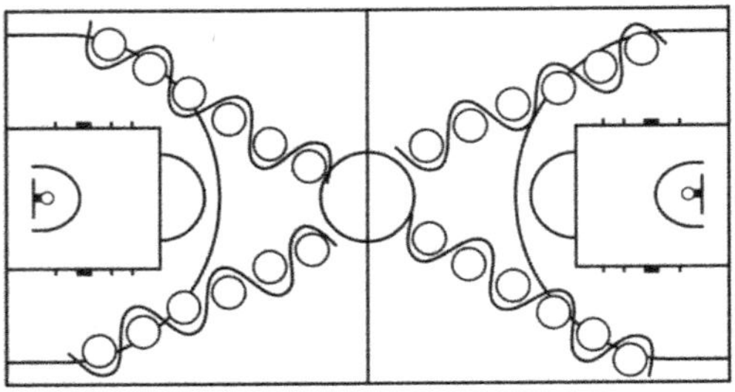

图24　毛毛虫游戏示意图

注意事项：

（1）在同伴之间穿梭的时候，注意不要换手扶球。

（2）提醒学生要注意转肩的角度，尽量减少和同伴之间的碰撞。

（3）同伴从自己身边经过时，站好不动，不得侧身让位。

（4）新排头到达后，依次后撤一步。

❖ 游戏名称：运球沿线追逐

游戏器材：篮球每人1个。

游戏目的：培养多方向运球移动的能力。

游戏方法：学生1人1球，分散站在球场的任意线上运球跑动。游戏开始，1人运球去追逐其他在线上的运球人，追到（被拍到）即交换角色。

注意事项：

（1）活动过程中，行进路线始终不得离开场上的线。

（2）追捕者不得追拍不处于同一条线上的同伴。如位于三分线弧顶的追捕者不可以直接拍击位于罚球圈弧顶的同伴。

（3）在活动过程中，可以要求不换手运球。如只用右手运球或者只用左手运球，适当调整活动难度。

贴 士

建议技术学习初期选择行进间无身体对抗类游戏，技术掌握熟练后增加游戏的身体对抗性。

❖ 游戏名称：培养性运球——运球大比拼

游戏器材：篮球 2 个、障碍物 2 个。

游戏目的：提高手对球的控制能力，培养团队合作意识。

游戏方法：学生分成 2 队，纵队站在起点，第一名学生拿球，直线运球到障碍物，运球返回，到起点位置和下一名学生击掌。以此类推，最先运球完成的队获胜。

注意事项：

（1）必须绕过障碍物再返回。

（2）教师在游戏过程中要保证 2 队的公平，一定要按游戏规则来判断。

（3）学生在运球过程中丢球了，要在失误的地方继续。

❖ 游戏名称：培养性运球——同心协力

游戏器材：篮球每组 2 个、障碍物 2 个。

游戏目的：通过 2 人的配合运球，培养 2 人的默契度，共同完成。

游戏方法：2 人 1 组，站在起点手拉手，1 名学生用左手运球，1 名学生用右手运球。当教师发出口令时，开始运球，在中途放置 1 个障碍物，遇障碍物 2 人同时低运球 5 次，到达障碍物处 2 人再直线运球回来，下一组学生再出发。以此类推，最先完成的组获胜。

注意事项：

（1）2 人运球，丢球后，在丢球的地方接着进行。

（2）低运球一定要完成规定数量。

（3）不能因为比赛运球速度太快，不顾及同伴，一定注意安全问题。

❖ 游戏名称：培养性游戏——烽火传递

游戏器材：篮球 2 个、障碍物 10 个。

游戏目的：通过运球技术来熟悉球性，提高熟练程度。

游戏方法：在篮球场地右边半场放 5 个障碍物，间隔 1 米，左边一样，把学生分成人数相等的 2 组，站在起点后边。开始后第一个学生“S”形运球绕过障碍物，再返回。以此类推，先完成运球的 1 组胜利。

注意事项：

（1）交接球时一定要遵守规定，不能超起跑线。

（2）运球中球丢了，要在丢球的位置继续。

❖ 游戏名称：比比谁最快

游戏器材：篮球 2 个、标志桶 2 个。

游戏目的：通过运球，培养学生快速应变及运球能力。

游戏方法：学生平均分成 2 组，1 组在底线右边，1 组在底线左边，后退运球到标志桶处，2 组学生用左手去触摸标志桶，到对面底线再运球回来，击掌，下一个学生出发。

注意事项：

（1）后退运球一定要注意安全。

（2）到达每个标志桶时，必须用左手去触摸。

❖ 游戏名称：“U”形运球接力

游戏器材：篮球 2 个、标志桶 2 个。

游戏目的：通过团队的配合及其与运球技术的结合，提高运球能力。

游戏方法：学生平均分成 2 组，A 组站在底线左边，B 组站在底线右边，排头的人拿球。开始后，2 组同时出发“U”形运球到指定位置的标志桶后，绕过标志桶往回运球，到起点换下一个学生出发，以此类推，先完成的队获胜。

注意事项：

（1）在运球交汇点不要发生碰撞，相互让一下对方。

（2）运球丢掉之后，拿回球在失误的地方接着出发。

❖ 游戏名称：长梯运球

游戏器材：篮球 4 个。

游戏目的：提高学生的运球能力。

游戏方法：学生平均分成 2 队，每队 2 人 1 排站成 2 列，学生选一手左右搭肩，除第一排人外，其余人另一手搭在前一排人的肩上，开始时第一排的 2 人运球，队伍随之跑动起来，但是不能断开，球不能丢掉。最后 1 人通过终点算完成游戏，时间短的队为胜。

注意事项：

（1）球不能丢掉，球丢掉的时候队伍停下，等拾回球再继续。

（2）队伍不能断开，保持搭肩。

❖ 游戏名称：拼写大赛

游戏器材：操场、黑板 2 块、粉笔几支、篮球 2 个。

游戏目的：通过运球写字，提高运球技术，娱乐身心。

游戏方法：把学生分成人数相等的 2 组，每组呈一路纵队，站在起跑线后。在起跑线前 20 米处放 1 块黑板。教师发令后，各组第一人运球（胯下、背后、转身 3 种运球方式都可运用）到黑板前，用粉笔写“球”字的第一笔画，然后运球回来拍第二人的手。第二人立即运球前进，在黑板上写“球”字的第二笔画，然后跑回拍第三人的手。以此类推，直到把“球”字写出，先写完“球”字的组为胜。

注意事项：

（1）一定要拍到手，下一名学生再出发。

（2）途中 3 种运球方式都可运用。

7.11.3　投篮类

❖ 游戏名称：看谁投得准

游戏器材：桶每组 1 个、篮球每人 1 个。

游戏目的：通过游戏，提高学生投中不同目标的能力。

游戏方法：

（1）将学生分为人数相等的几个大组，同时进行。首先每组选出 1 名学生在距离 4 米的地方手拿桶，其他学生站成一路纵队，听教师的哨声，开始时持球人将球击地投进桶内，持桶人将投进的球倒出，还给持球人，下 1 人开始，以此类推，投进后累计得 1 分，时间为 4 分钟，得分多者为胜。

（2）分组情况一样，首先每组选出 1 名学生在距离 5 米的地方手拿桶，其他学生站成扇形，听教师的哨声，同时开始，持球人将球击地投进桶内，持桶人将投进的球倒出，还给持球人，下 1 人开始，以此类推，投进后累计得 1 分，时间为 4 分钟，得分最高为胜利。

注意事项：

（1）持球人投篮时注意安全，不得恶意传球，导致学生受到伤害。

（2）接球人（持桶人）不得移动位置，注意力集中，注意持球人投篮的力度，遇危险情况放弃接球。

（3）所有学生听教师的哨声开始，当前面学生捡回篮球后，方可进行投篮。

（4）投篮开始后，4 分钟交换持桶人，直至所有人轮换 1 次。

（5）投篮过程中要注意安全，教师巡视指导，哨声提醒。

❖ 游戏名称：旋转木桶

游戏器材：桶每组 2 个、篮球每人 1 个。

游戏目的：通过游戏，提高学生的观察力，并培养学生确定球筐位置的能力。

游戏方法：学生分为几个大组，每组有自己指定的游戏位置，几组同时进行。首先每组选出 2 名学生在距离 4 米的地方手拿桶，2 人将桶进行旋转，其他学生站成一路纵队，听教师的哨声同时开始，持球人通过自己的观察判断用击地球的方式将球投进桶内，持桶的 2 人将投进的球倒出，还给持球人，下一人开始，以此类推。每人都交换过后，进行组别之间的位置交换（1 次），每组各自累计自己的得分，投进后累计得 1 分，时间为 3 分钟，得分多者为胜。

注意事项：

（1）交换组别的顺序为逆时针。例如：1→2、2→3、3→1。

（2）持球人投篮时注意安全，不得恶意传球，导致学生受到伤害。

（3）接球人（持桶人）注意力集中，注意持球人投篮的力度，遇危险情况放弃接球。

（4）所有学生听教师的哨声开始，当前面学生捡回篮球后，方可进行投篮。

（5）投篮开始后，4 分钟交换持桶人，直至所有人轮换 1 次。

（6）在投篮过程中注意安全，教师巡视指导，哨声提醒。

❖ 游戏名称：移动风车

游戏器材：桶每组 3 个、篮球每人 1 个。

游戏目的：通过游戏，提高学生的观察力，并培养学生确定球筐位置的能力。

游戏方法：学生分为人数相等的几个大组，每组在指定的位置同时进行。首先每组选出 3 名学生在距离 4 米的地方手拿桶，3 人将桶进行左右移动，移动范围是左右 2 米，其他学生站成一路纵队，听教师的哨声同时开始。持球人通过自己的观察判断投球的时间，将球用击地球的方式投进桶内，投完后捡回篮球迅速跑到下一组的队尾排队进行投篮，待再回到原点时听教师的哨声进行位置的转换，每组每人投进后累计得1分，得分多者为胜。

注意事项：

（1）交换组别的顺序为逆时针。例如：1→2、2→3、3→4、4→5、5→1。

（2）持球人投篮时注意安全，不得恶意传球，导致学生受到伤害。

（3）接球人（持桶人）注意力集中，注意持球人投篮的力度，遇危险情况放弃接球。

（4）所有学生听教师的哨声开始，当前面学生捡回篮球后，方可进行投篮。

（5）投篮开始后，4分钟交换持桶人，直至所有人轮换1次。

（6）在投篮过程中注意安全，教师巡视指导，哨声提醒。

❖ 游戏名称：接力投篮

游戏器材：篮球每人1个。

游戏目的：通过团队投篮，增加彼此的信任感。

游戏方法：学生分成2组，每组1个半场，教师站在中场，每组面对球篮呈一路纵队，排头拿球。开始后，在罚球线开始投篮，投进的直接排到队尾，没进的跑到中场绕过教师排到队尾，最先投进20个的队伍获胜。

注意事项：

（1）2组一定要自觉遵守规定。

（2）投进球后，大声报数。

❖ 游戏名称：骑马射箭

游戏器材：篮球2个。

游戏目的：更好地提高学生投篮的能力。

游戏方法：学生平均分成2组，呈一路纵队站在底线，开始后第一名学生出发，用骑马的姿势跳到中场，拿到放在中场的篮球，运球至罚球线外投篮，投完后自己抢球，放到中场原来的位置，跑回去和下一个学生击掌，以此类推，在规定时间内投进球多的组获胜。

注意事项：

（1）下一名学生一定要先击掌再出发。

（2）中场的球一定要放到原来的位置。

7.11.4 移动类

❖ 游戏名称：跑“垒”接力

游戏器材：篮球场半块、篮球4个。

游戏目的：提高学生快速跑动中急停的能力。

游戏方法：如图25所示，把半个篮球场地的4个角视为4个“垒”，以各个角的顶点为圆心、约50厘米为半径画1个半弧为“踩垒点”。学生分成人数相等的4个队，分别呈纵队面向场内站立于4个“垒”的后面约2米处；各队排头各持1个篮球并以一脚踩“垒”准备起跑。教师鸣哨后各组排头按逆（或顺）时针方向持球快跑，直到跑完4个“垒”，回到原“垒”位，把球交给下一个队员，继续同样的跑动，直到全队全部跑完；先跑完的队为胜。

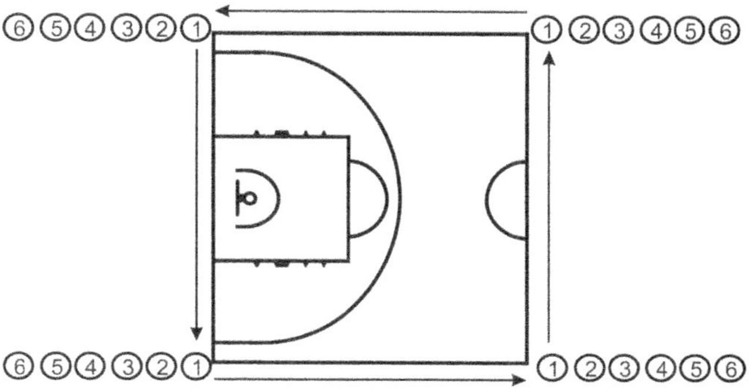

图 25　跑“垒”接力示意图

注意事项：

（1）跑“垒”的人必须在每个“垒”前做急停、转身或变向跑动作，并把 4 个“垒”都踏完，不得漏踏；如果超越前面的人，必须从外围绕过去，不得从内线穿插过去。

（2）没有轮到的队员都要在“垒”线外，不得妨碍跑“垒”人的跑动。

（3）接力用的球必须手递手交接，不得抛掷传递。

❖ 游戏名称：圆圈接力

游戏器材：篮球场 1 块。以球场中圈的中点为圆心、7 米为半径画 1 个大圆圈，在圈内的 4 个方向各画 1 条长 2 米的横线。

游戏目的：训练学生的侧身跑技术和发展快速跑动能力。

游戏方法：学生分为人数相等的 4 个队，分别呈纵队站立于圆圈内的横线后。游戏开始，4 个队的排头迅速起动，沿顺时针方向绕圆圈做侧身快跑，回到出发点时，与本队第二人击掌，第二人以同样方法做侧身快跑。如此反复进行，直到全队每人做 1 次，先完成的队为胜。

注意事项：

（1）只能沿圆圈跑，不得踩线，否则判其重跑 1 次。

（2）如要超越对方，必须从对方的左侧超越，否则判其返回原出发点重新开始。

（3）必须由前一人向后一人击掌才能起动，否则返回出发点重新进行。

❖ 游戏名称：曲线跑比赛

游戏器材：篮球场 1 块、障碍架若干。

游戏目的：发展学生跑的能力，培养集体协作精神。

游戏方法：球场的 2 条端线分别为起跑线和终点线，2 线间每隔 5 米放 1 个障碍架。学生分成人数相等的 2 队，呈纵队面向场内站于起跑线外，后面的人拉住前面人的手。教师发出游戏开始的信号后，2 队迅速起动，全队做曲线跑动，依次绕过所有的障碍架跑向终点线。队尾先过终点线的队为胜。

注意事项：

（1）曲线跑时不得碰击障碍架；若碰倒，把碰倒的障碍架放回原处再继续前进。

（2）在跑动过程中队伍不得散开或颠倒顺序，否则必须在原地重新集结好后方能继续前进。

❖ 游戏名称：游龙九天

游戏器材：篮球每组 1 个、障碍物若干、粉笔若干。

游戏目的：提高学生行进间运球技术的熟练程度及学生的身体协调性。

游戏方法：学生分为人数相等的若干组，分别呈一路纵队站在同一起跑线上，组与组间隔 5 米。在距离起跑线 15 米处画 1 条终点线，线上与各组相对应的位置处各放 1 标志物。各组第一位学生双脚前后开立，双手持球，站于起跑线后，准备开始。游戏开始信号发出后，每组第一名队员同时运球出发，绕过各个障碍物抵达终点线后按直线快速运球返回到起点。返回起点后，将球手递手交给下一位学生，依次循环进行，最后一名队员先回到起点的队伍获胜。

注意事项：

（1）运球返回后进行交接，不得大力将球回传。

（2）丢球后不许用脚踢。

（3）活动开展区域的地面须尽量平整。

❖ 游戏名称：穿越火线

游戏器材：篮球 2 个。

游戏目的：提高学生的运球速度，加强脚步练习，培养学生的团队精神。

游戏方法：如图 26 所示，学生分为人数相等的 2 组，每组分别呈一路纵队站在同一起跑线上，每组队员之间前后间隔 2 米。两路纵队相隔 5 米，站立于篮球中线上，中线为起始点。各组排头学生双脚前后开立，站于起跑线后，准备开始。游戏开始，每组第一名队员迅速向后经头上传球，当球传至最后一名时，其迅速运球绕“S”形穿过本组队员，回到排头，接着向后传球。依次进行。每人各传1次，先完成的队伍为胜。

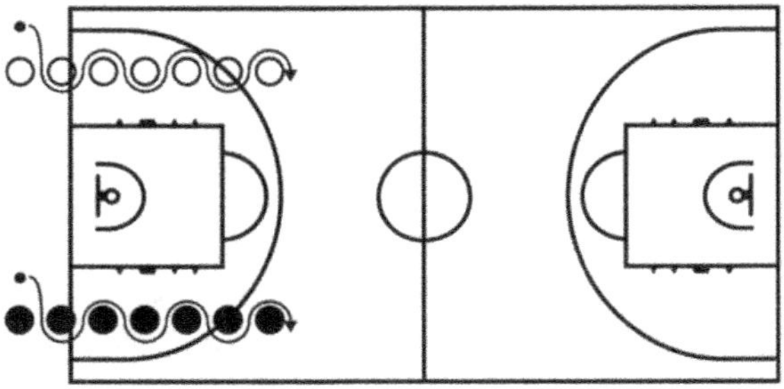

图26　穿越火线示意图

注意事项：

（1）运球时不能抱球跑，必须按“S”形穿过每名队员。

（2）丢球后不许用脚踢。

（3）运球穿越过所有球员后，站排头时，需注意与身后队员保持2米距离。

❖ 游戏名称：运球接龙

游戏器材：篮球2个、标志桶6个。

游戏目的：提高学生运球技术的熟练程度，提高学生的行进间运球能力，提高其左右手运球能力。

游戏方法：把6个标志桶分别放在2条罚球线的延长线和中线上。将学生分成人数相等的2队，面向场内站立在同一端线后的限制区线与端线交点处，两队排头各持一个篮球。游戏开始时，排头首先用左手运球至第一个标志桶前，做体前变向换右手运球，再到下一个标志桶前做体前变向换左手运球，每遇见一个标志桶就做一次体前变向换手运球。各队每人按照这个方法依次进行，直到全队完成，先完成的队为胜。

注意事项：

（1）运球过程中如果丢球，必须从丢球地点接着开始。

（2）必须用手递手交接球的方法把球交给下一名队员，接球队员接球时必须有一只脚踏在起跑线上。

❖ 游戏名称：黑猫、白猫、大花猫

游戏器材：无。

游戏目的：通过听口令来及时判断，通过移动来做出反应，提高灵敏性。

游戏方法：把学生分成人数相等的两队，两队分别站在篮球中线处相距 1 米。听教师口令，说黑猫时，黑猫跑白猫追，说白猫时，白猫跑黑猫追，被追到的要转变成为对方成员。当说大花猫时，大家站着不许动。最后人数多的一队获胜。

注意事项：

（1）跑的时候注意脚下。

（2）追人的时候不能推人。

（3）追的过程中触到同伴就可以。

❖ 游戏名称：龙头大战

游戏器材：无。

游戏目的：通过团体的移动、摆脱来进行对抗。

游戏方法：学生分成两组，呈一路纵队，第一个学生是龙头，后边的学生抓住前边学生的腰部衣服，两队进行抓捕，抓最后边的学生。最后人数多的一队获胜。

注意事项：

（1）教师说开始后要随时观察学生。

（2）学生在摆脱时注意后边的学生，不要被甩出去。

（3）团队的整体合作性要强。

❖ 游戏名称：判断接球

游戏器材：篮球。

游戏目的：通过各种传球来锻炼学生的反应和判断力。

游戏方法：学生排成一排，站在球场的左半部分，第一名学生把球给教师，教师会根据学生的能力传地滚球或高远球，学生根据教师的动作做出判断去接球，然后运球上篮。以此类推，学生逐一进行。

注意事项：

（1）不能在教师没有抛球前，提前跑出去。

（2）运球上篮的时候不能走步。

❖ 游戏名称：升级版捕鱼

游戏器材：无。

游戏目的：通过 2 人的配合和脚下的步法移动，来躲过同伴的抓捕。

游戏方法：在一定的区域里 2 人一组（手拉手），找出其中的一组来捕鱼，其他人来躲避，捕到后 4 人手拉手继续进行，直至捕完为止。

注意事项：

（1）在捕鱼的过程中2人的手不能断开，断开后捕到的不算。

（2）逃跑的人不能在途中将手分开。

（3）捕鱼的人不能去推被捕的人，用手抓住就可以。

❖ 游戏名称：护球大赛

游戏器材：篮球2个。

游戏目的：初步培养学生防守、移动的能力。

游戏方法：学生平均分成2队，站在线两端，每队有2名中心的护球人员，手持球，当教师说开始时，本队无球队员要保护持球人，安全运球到终点，游戏结束。若无球队员在途中把对方的球断掉，则游戏结束。

注意事项：

（1）注意不要有推、拉、拽现象。

（2）运球到底线再断掉球不算。

7.11.5 传接球类

❖ 游戏名称：穿越丛林

游戏器材：篮球每人1个、标志盘若干。

游戏目的：通过游戏，提高接球技术。

游戏方法：将学生分成人数相等的2组，每组首先出发的2名学生站在起始线后方，同时每人手拿1个篮球。听到哨声后，2名学生同时将球向天空抛出，抛出球后迅速连续击掌5次再接球，完成后2人手拉手“S”形运球绕过纵向摆放好的标志盘。回来后与本组第二小组人击掌。依次进行。

注意事项：

（1）如果在一次抛球过程中未达到击掌 5 次，可进行第二次抛球，直至完成击掌 5 次。

（2）出发的学生必须手拉手，“S”形运球绕过纵向摆放好的标志盘，不得中途断开或踩踏标志盘等。

（3）2 组听哨声进行比赛，用时短的小组为胜利。

（4）在抛球过程中注意安全，不得恶意抛球，伤害其他学生。

（5）教师巡视指导，并用哨声及时提醒，避免出现安全问题。

❖ 游戏名称：大赢家

游戏器材：篮球 1 个、篮球场 1 块。

游戏目的：培养团队间的配合、传球的时机把握和接球意识。

游戏方法：以 5 人为 1 队，在篮球半场中进行五对五传球游戏，在游戏过程中不能有运球，拿球的人只能传球，1 队的人利用摆脱防守来接同伴的球，接到 1 次算 1 分，先得 10 分的一队获胜。

注意事项：

（1）不能拿球跑动。

（2）传球中注意传接球动作。

（3）不得推、拉、打、摔对方队员。

❖ 游戏名称：斗智斗勇

游戏器材：篮球 1 个。

游戏目的：发展学生的判断能力和脚下的移动速度。

游戏方法：学生围成一个圆圈，1 名学生在圆圈里，当听到开始口令后，圆圈外的学生传球（不能传给相邻的学生），圆圈里的学生利用自己脚下步法的移动和判断来断球，断球后，失误的学生和圆圈里的学生互换。

注意事项：

（1）传球的时候一定要注意隐蔽。

（2）圆圈里的学生在移动中注意安全。

❖ 游戏名称：快速及递

游戏器材：篮球若干。

游戏目的：通过游戏加强学生之间的沟通能力，增进学生之间的友谊和默契程度。

游戏方法：将所有学生分为2人1组的若干个小组，每组2名学生前后站立，同时双脚分开稍比肩宽，每人手持1球，当听到开始的哨声后，前面的学生单手将球从侧面击地传给后面的学生，同时后面的学生双手持球由后向前地滚球从胯下传球给前面的学生。以此类推，传接5次后，2人交换位置。待2人都结束后，听哨声寻找另外的学生重新组合。

注意事项：

（1）在指定的位置进行游戏，不得私自变换位置。

（2）每一个小组完成后须立即举手示意教师，同时将球拾起，放于腰间。

（3）完成的小组必须听教师的哨声方可进行调换小组，不得私自调整。

（4）在传球的过程中每个人必须注意力集中，注意安全，不得恶意传球。

（5）教师巡视指导，并用哨声及时提醒，避免出现安全问题。

❖ 游戏名称：盲人闻声传球

游戏器材：篮球 6 个、眼罩 6 个。

游戏目的：学生通过游戏提高注意力，通过声音体会接球人的位置，并且增强学生之间的友谊和默契程度。

游戏方法：将所有学生分成人数相等的 6 个小组，每组选出 1 名学生手持篮球同时戴上眼罩，其他 4 名学生分别站在传球人的四周，当听到哨声后，接球人用语言表达的方式提醒传球人自己的位置，直至球传出。每人进行 5 次后，交换位置，依次进行。

注意事项：

（1）传球的学生不得用手打开眼罩，必须通过声音来判断接球人的位置。

（2）在指定的位置进行游戏，不得私自变换位置。

（3）传球的 4 名学生利用手势或者眼神来交流每一次的接球顺序，确定具体由谁来完成，不得在游戏开始前发出其他的声音扰乱传球者的判断。

（4）注意安全，传球者不得恶意传球，所有学生必须集中注意力。

（5）教师巡视并用哨声及时提醒，避免出现安全问题。

❖ 游戏名称：保龄球大战

游戏器材：篮球 3 个、标志桶 30 个。

游戏目的：增强学生之间的友谊和默契程度。

游戏方法：将学生分成人数相等的 3 个大组，每组分 A 和 B 两个小组，2 个小组在距离 15 米的位置相对站立，在 2 个小组中间横排摆放 10 个标志桶，1 位学生手持球，当听到哨声后，按照顺序进行，A 组 1 位学生双手将球用地滚球的方式撞向对面的标志桶，然后将标志桶摆放整齐，同时另外一组的学生将球捡回并完成地滚球的动作，撞中 1 个为 1 分，依次进行。累计小组得分。

注意事项：

（1）传球的方式固定为地滚球，不得私自选择传球方式。

（2）在指定的位置进行游戏，不得私自变换位置。

（3）捡球的学生要在球传出后即刻做出反应，注意力集中，待摆放标志桶的学生回到起点时，才可以进行游戏。

（4）注意安全，传球者不得恶意传球。

（5）教师巡视，并用哨声及时提醒，避免出现安全问题。

❖ 游戏名称：传球接力

游戏器材：篮球 1 个、篮球场 1 块。

游戏目的：学生通过传接球的配合，熟悉各种传接球的动作。

游戏方法：将学生分成人数相等的 2 队，在规定的范围内用 1 个球传球，传球形式可以多样，例如双手头上传球、胸前传球、反弹球、体侧传球……2 队可以互相抢断阻止对方传球，不能运球，最先完成 20 个传球的 1 队为胜利。

注意事项：

（1）断球后重新开始计数。

（2）不能超出场地范围传球。

❖ 游戏名称：传球捕人

游戏器材：篮球 1 个。

游戏目的：提高学生行进间传接球的能力。

游戏方法：以半场为例，在半场不超出边线和中线4条线内任意躲避捕捉，选出的2人用1个篮球，只能传球（不允许走步和运球）触碰躲避人，球不可离手去砸。被捕到的人加入传球组一起捕捉其他人，直至捕完为止。

注意事项：

（1）躲避方可看准机会打掉传球路途中的球。

（2）人数多的情况下可以用全场。

❖ 游戏名称：躲避传球

游戏器材：篮球每人1个、软排球2个。

游戏目的：锻炼学生的视野和灵活性。

游戏方法：把学生平均分成2组，1组在里边运球，1组在外边用软排球击人，击打运球人的大腿以下，被击到者后退出场外，直至所有人都被击到，2组互换角色。坚持时间长的1组获胜。

注意事项：

（1）在运球中抬头，躲避传球的同时手中的球不能丢。

（2）躲避的时候不能超出规定范围。

7.11.6　身体对抗类

❖ 游戏名称：生死阻击

游戏器材：篮球每组1个。

游戏目的：提高学生对篮球的兴趣及反应能力。

游戏方法：将学生分为人数相等的若干组，各组组员在本组区域内分成2排面对面间隔5米站立。每组中间站3名组员，将球交给各组任意1名组员，准备开始。当教师的哨声响起后，每组持球组员必须将球交给本组对面1排任意1名球员，完成交接，接到球的组员再次将球交给对面1排任意组员，而2排中间的组员需要将其他人的交接球抢断下来，依次进行。如果2排中间组员将球抢断下来（只要碰到球就可以），那么刚才的掷球组员则与他对换，再次开始新1轮的游戏。

注意事项：

（1）不许用脚踢球。

（2）活动开展区域地面须尽量平整。

❖ 游戏名称：虎口夺食

游戏器材：篮球若干。

游戏目的：提高学生对篮球的兴趣及反应能力。

游戏方法：将学生分为人数相等的若干组，2组形成1个区域，每个区域里放若干个篮球，各区域间隔5米。2组组员，1组站成1排，将篮球守在本组身后3米处，1组人员随意站在对面，准备开始抢球。当教师的哨声响起后，负责抢球的组员可以自由选择时机去将守球组组员身后的篮球拿出来，而负责守护篮球的组员需要不断地横向移动来阻挡对方队员“偷球”。到规定时间后，教师鸣哨，清点负责抢球组员拿出的球数，然后将球归位，2组换位，再次开始，在规定时间内拿出的篮球数多的1组获胜。

注意事项：

（1）抢球组员进入放球区后不许用脚将球踢出。

（2）守球组员不可以对抢球组员进行拉扯或下脚绊。

（3）活动开展区域地面须尽量平整。

❖ 游戏名称：抢西瓜

游戏器材：篮球每人1个、篮球场地1块。

游戏目的：培养身体对抗能力。

游戏方法：队员2人1组，尽量按照技术水平和身体条件进行分组。游戏开始后，学生开始运球，并要伺机干扰本组另1人运球，成功1次得1分，累计先获得10分者为胜。要求学生在游戏过程中，学会并适应身体对抗，在身体接触的情况下不丢球，并学会利用身体保护球。

注意事项：

（1）教师要通过游戏帮助学生建立“合理身体对抗”的概念，学生不得做出推搡等违规动作。

（2）不可采用抱球等违规方式保护球，要始终保持运球状态，可以换手运球。

（3）分组应当较为分散，小组之间尽量避免干扰。

7.11.7 快速反应类

❖ 游戏名称：球王之王

游戏器材：篮球每人1个，标志桶每组2个。

游戏目的：提高学生对篮球的兴趣及反应能力。

游戏方法：将学生分为人数相等的若干组。各组在篮球场端线后呈一路纵队站立，每组间隔5米，每人1个篮球，准备开始。当教师鸣哨后，各组第一名持球人要抱球原地转3圈，完成后快速跑到第一个标志物处进行运球，左右手各5次，完成后抱球迅速跑到中线，将球抛或滚过2个标志物中间的通道，最后在罚球线延长线上站立，可采用任何方法将球投进篮筐内，完成者在篮筐后端线呈一路纵队站立，依次进行。当所有组比完后，总用时少者为胜利。

注意事项：

（1）掉球后不许用脚踢远来躲避其他关卡任务，需要将球迅速捡起按原行进路线继续进行。

（2）活动开展区域地面须尽量平整。

❖ 游戏名称：男生女生向前冲

游戏器材：篮球若干。

游戏目的：提高学生对篮球的兴趣及反应能力。

游戏方法：将学生分为人数相等的若干组，2组形成1个区域，每个区域间隔5米。单数组每人1球，呈一列横队与偶数组面对面站立，篮球场端线作为终点，准备开始。当教师哨声响起后，单数组的每一位组员可以采取抛球或者运球向终点前进，而偶数组则负责阻拦，但当单数组组员双手持球时属于“隐身”，偶数组组员不得进行“抓捕”。到规定时间后，教师响哨停止，清点到达终点的人数，然后2组角色对换，进行新的比赛，最后比较到达终点人数，多者为胜。

注意事项：

（1）持球者不可以用球砸向阻拦者。

（2）负责阻挡的组员不可以用脚纠绊持球组员。

（3）活动开展区域地面须尽量平整。

❖ 游戏名称：两人传三球

游戏器材：篮球每人1个。

游戏目的：提高学生传球技术和快速反应能力。

游戏方法：学生分为2人1组，相距4～5米面对面站立。2人用2个球做原地的单手体侧传接球，要让球不停运转直到规定时间到，累加其传球次数，次数多的组为胜。

注意事项：

（1）计算传球次数以开始手持2球的组员传球次数为准。

（2）2个球要始终保持运转，不能有明显停顿。

（3）传球失误时从失误处继续累加下去。

7.11.8 团队合作类

❖ 游戏名称：齐心协力

游戏器材：篮球每人1个。

游戏目的：提高学生团队合作能力。

游戏方法：将学生分为人数相等的若干组，各组组员在本组区域内站立，每组之间间隔5米。当教师哨声响起后，第一组的第一位组员要抱球快速绕过障碍物到篮下投篮，投进算一分，不进算零分，完成投篮后第二位组员迅速出发，依次循环，直到本组组员全部做完（投完篮的队员捡球后从篮球场右侧绕至本组队尾）。当第一组比赛完成，统计进篮数，然后第二组开始，依次循环，最后进球数多的组获胜。

注意事项：

（1）组员不可以从障碍物上方跨过或跳过。

（2）活动开展区域地面须尽量平整。

❖ 游戏名称：超音速团队

游戏器材：篮球 2 个、扑克牌 1 副。

游戏目的：提高学生运球技术熟练程度及团队协作能力。

游戏方法：如图 27 所示，将学生分为人数相等的 2 组，呈 2 列站至同一起跑线后，2 组之间相隔 3 米。终点线距起跑线 20 米，每组对应的终点线上摆着打乱顺序的同花色的 A ~ K 13 张背面朝上的扑克牌。每组第一名组员持球，站于起跑线后，准备开始。鸣哨开始，每组第一名组员右手运球，快速来到扑克牌前，随机翻开 1 张，如果是 A 则亮开，不是则不亮，然后用左手运球回去，传球给下一名组员，重复上述动作。亮牌顺序必须是 A、2、3、4……10、J、Q、K，循环往复，直到哪一组所有牌按顺序亮开，哪组就获胜。

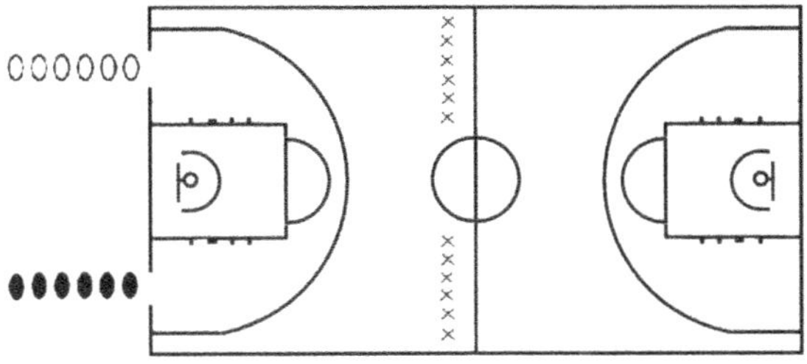

图 27　超音速团队示意图

注意事项：

（1）运球返回起点线后进行传球，不得大力将球传回。

（2）丢球后，应立刻捡球，双手抱球回丢球地点接着进行。

（3）翻完牌，可以记住牌的顺序和位置。回到队列中可交流，但必须按队列站好不能围圈讨论。

❖ 游戏名称：开火车

游戏器材：篮球 2 个。

游戏目的：提高学生运球技术的熟练程度，锻炼学生的柔韧性和反应能力，提高学生的团队协作能力。

游戏方法：如图 28 所示，将学生分为人数相等的 2 组，分别站至篮球场两个底线限制区外，学生们前后站齐并且双腿分开。各组排头学生双脚前后开立，站于起跑线后，准备开始。鸣哨开始时，最后一名学生用力把球从学生们的腿间滚过，第一个学生拿到球后，运球上篮，然后原路返回，站到队尾。依次进行运球上篮，直至最初的第一个学生再次回到队伍的最前面，并把球放在体前的地上，游戏结束。

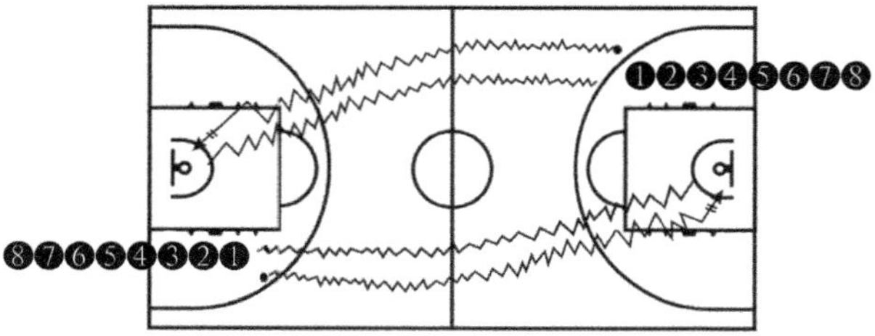

图 28　开火车示意图

注意事项：

（1）运球过程中如果丢球，必须抱着球从丢球地点接着开始。

（2）其他学生需要时刻保持双腿分开，站立整齐。

❖ 游戏名称：“大渔网”

游戏器材：篮球每人1个。

游戏目的：提高学生运球技术的熟练程度、灵敏反应能力和脚步动作的灵活性，培养其集体配合能力。

游戏方法：先指定2名队员担任“渔网”，其他人在场内可以任意运球跑动。鸣哨开始时，担任“渔网”的2名队员手拉手在场地内跑动，此时2名“渔网”队员不需运球，其他队员必须运球在场地内任意跑动。“渔网”设法用手触及其他运球队员。如果运球队员被“渔网”触及，应加入“渔网”队伍，如此“渔网”逐渐扩大。当“渔网”人数为双数时，所有“渔网”队员不用运球；当“渔网”人数为单数时，“渔网”两边队员需要运球。直至场上剩下最后一名学生，游戏结束。

注意事项：

（1）“渔网”不得断开，否则触及人则无效。

（2）追逐时，禁止故意推、拉和冲撞对方。

（3）被追逐者越出篮球场界限，即判被捉到。

❖ 游戏名称：争分夺秒

游戏器材：篮球若干、标志物若干、球筐每组1个。

游戏目的：提高学生对篮球的兴趣，提高学生的反应能力和团队合作能力。

游戏方法：如图 29 所示，将队员分为人数相等的若干组。每人一个篮球，在各自的行进路线上放相应的标志物，每个标志物处站 1 名无球队员，在每组终点放 1 个球筐，准备开始。当教师鸣哨后，各组第一名持球队员要快速跑并将球手递手交给第一个标志物处的队员，接球队员要双脚跳着将球放入球筐里，完成后第二位队员出发，依次循环。而完成交接的队员则成为新的接球队员在原地站立等待，直到最后一位持球队员完成游戏。首先将所有篮球放入球筐里的队伍为胜。

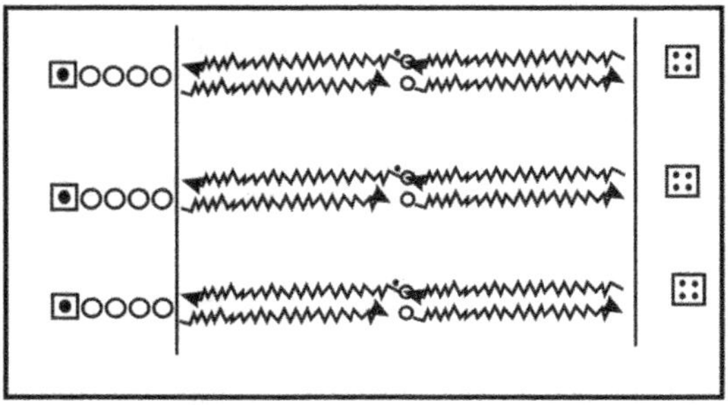

图 29　争分夺秒示意图

注意事项：

（1）队员不可以移动障碍物。

（2）活动开展区域地面须尽量平整。

❖ 游戏名称：“橄榄球”比赛

游戏器材：篮球 1 个、粉笔若干。

游戏目的：提高学生在对抗中快速奔跑和变向躲闪的能力，提高学生的反应能力和团队合作能力。

游戏方法：在场地的两端各画 1 个直径为 1 米的圆圈为“球

门”，把学生分为人数相等的2队。比赛开始，双方在场地的中间用篮球比赛的跳球方式把球拍给本方队员，队员获球后可用传球、运球、抱球跑（步数次数均不限）等方式，躲闪对方的拦阻或夺球，向对方“球门”推进，抱球者连人带球有一脚踏入“球门”圈内或线上，即得1分；防守队要积极防守、围守、拦截，把球从对方手中夺过来并进行反击；如进攻队得分，则由对方在就近的界线外掷界外球继续比赛；比赛可进行5～10分钟，得分多的队获胜。

注意事项：

（1）严禁用脚踢球，或有意推人、打人，违者罚其下场，直至对方进一球后方允许其再进场比赛。

（2）不设“守门员”，防守队可在“球门”附近组成“人墙”，把对方持球者“顶”离将要进入的“球门”或抢夺他的球。

（3）持球进攻者不得强行“撞”开抢球的对手，只能用躲闪、变向等方法进入球门，违者罚其下场，直至对方进一球后方允许其再进场比赛。

❖ 游戏名称：运一球，滚一球

游戏器材：篮球每组2个。

游戏目的：提高学生运球技术熟练程度，发展学生的下肢力量，以及培养学生团队合作意识。

游戏方法：将学生分为人数相等的2组。2组排成纵队分别面向场内站至篮球场底线后。各组排头学生每人2球，站于底线后，准备开始。鸣哨开始时，第一名拿球学生用一只手运球，另一只手推滚球前进，至对面的底线后返回，把球交给本组下一人，然后回到队尾。依次进行运球，直到全组完成，以先完成的组为胜。

注意事项：

（1）运球过程中如果丢球，必须抱着球从丢球地点接着开始。

（2）捡球过程中不能用脚踢球，不能一只手托着球、另一只手滚球。

7.11.9 视野培养类

❖ 游戏名称：打“龙尾”

游戏器材：篮球 1 个。

游戏目的：提高学生快速传接球的准确性，扩大学生视野范围。

游戏方法：把学生分为人数相等的甲、乙 2 队，甲队首先围成 1 个直径 10～12 米的圆圈，乙队在圆圈内排成纵队，后面的人抱着前面人的腰组成“龙”，排头的队员为“龙头”，排尾的队员为“龙尾”。游戏开始，圈外的人相互传球，捕捉时机，用球掷“龙尾”，“龙头”则带领全队迅速奔跑、躲闪或用手挡、打来球，以保护“龙尾”不被球击中；若“龙尾”被击中，则到排头担任“龙头”，圈外的人再继续快速传球打新的“龙尾”；规定时间到，计算被击中的“龙尾”有多少人；然后与圈外的甲队互换角色，再进行同样的时间后，游戏暂停，计算双方被击中的“龙尾”数，数量少者为胜。

注意事项：

（1）圈外人不得缩小圆圈的直径以进入圈内打“龙尾”，否则打中无效。

（2）只准打“龙尾”大腿以下的部位，否则打中无效。

（3）圈内的“龙”必须保持纵队队形，不能断开，“龙尾”也不能缩在队伍内，否则算被对方打中。

❖ 游戏名称：活动篮筐

游戏器材：篮球1个。

游戏目的：提高学生的观察判断能力和快速移动中传接球的技术水平。

游戏方法：把学生分成人数相等的2队，每队指定2人手拉手成1个圆形，作为“活动篮筐”，它可在场内任意移动。比赛从中圈跳球开始，获球方为进攻方，进攻方设法把球投入对方“活动篮筐”内，即得一分；防守方积极抢球并反击；在规定时间内得分多的一队获胜。

注意事项：

（1）做“活动篮筐”的两人不得撒手或缩成一团，必须保持圆形并用移动的方式不让对方投中，否则算对方得1分。

（2）进攻队员只准传球，不准运球，不准故意打篮板。

（3）出现违例、犯规或投中篮，均由对方在就近界线外掷界外球继续比赛。

7.11.10　发展培养类

❖ 游戏名称：快跑摸高

游戏器材：篮球2个。

游戏目的：提高学生的弹跳力，使其练习急停技术动作。

游戏方法：如图31所示，把学生分为人数相等的2队，呈纵队站于端线外，中线处分别放置2个篮球。游戏开始，2队排头迅速起跑至中线急停，用手摸地上的篮球后返回，在篮板下跳起摸篮板2次

(根据年龄和学生身体素质指定触摸高度),再拍击本组第二位学生的手交接,自己站队尾。先轮完的队为胜。

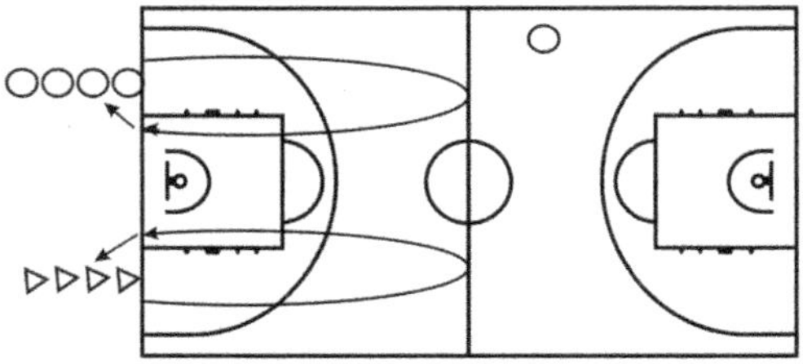

图 30 快跑摸高示意图

注意事项:

(1)交接时,击掌后才能起跑,否则退回起点重新开始。

(2)摸高时只能摸到篮网的学生要连续起跳 3 次再接力,摸不到篮网的学生在篮下尽力纵跳 4 次后再接力。

❖ 游戏名称:联合大追逐

游戏器材:篮球每人 1 个。

游戏目的:提高学生的行进间运球技术,训练学生灵敏反应和脚步动作的灵活性。

游戏方法:如图 32 所示,把学生分成人数相等的甲、乙两队,两队面对面站立于中圈处,相距 3 米。鸣哨开始时,两队队员分别进行原地运球,然后根据教师的口令做起动追拍,如果教师喊的是单数,如 1、3、5,则甲队迅速运球开始追乙队队员;如果教师喊的是双数,如 2、4、6,则乙队队员迅速运球追甲队队员。两队追逐过程中,在追至端线前轻拍对方,被拍到者为输。

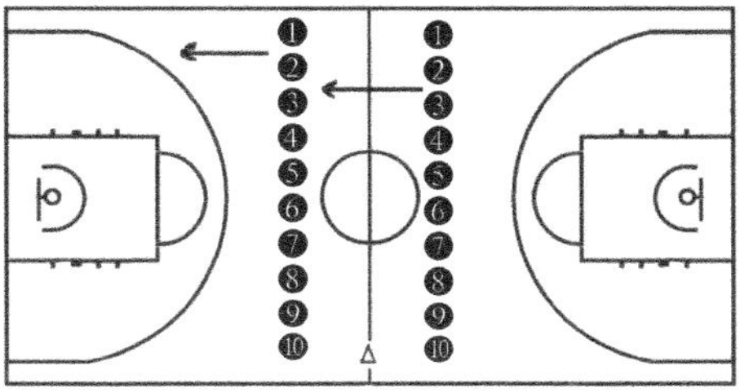

图 31　联合大追逐示意图

注意事项：

（1）运球过程中不得抱球跑，如果丢球，迅速捡起球，不得干扰同伴运球。

（2）在拍对方的时候，必须采用轻拍，不得用力拍，更不得推、拉。

7.12　篮球文化资源

7.12.1　通　识

7.12.1.1　篮球运动的起源

1891 年，美国马萨诸塞州斯普林菲尔德市基督教青年会训练学校体育教师詹姆斯·奈史密斯受到当地儿童从树上摘下桃子扔入桃筐的启示而设计了一种互相向桃筐内投皮球，并按投掷的准确性来计算得分和胜负的游戏。由于最初使用的是装桃子的篮子，故取名为

"篮球"（篮球的英语单词是"basketball"），这也就是现代篮球运动的雏形。所以说，篮球运动的本质就是游戏。

7.12.1.2 斯坦科维奇洲际篮球冠军杯篮球赛的由来

斯坦科维奇洲际篮球冠军杯篮球赛是以国际篮球联合会原秘书长斯坦科维奇命名的篮球赛事。斯坦科维奇是一位为世界篮球做出过突出贡献的南斯拉夫人，他为世界篮球的普及与推广整整工作了50年，为了纪念他对篮球运动做出的贡献，国际篮球联合会将洲际篮球杯赛以他的名字命名。

7.12.1.3 姚明的成长历程

1980年9月12日，姚明出生于上海。他的父母都是篮球运动员，由于从小受到家庭熏陶，他对篮球的悟性逐渐显露出来。他17岁入选国家青年队，18岁就穿上了中国国家队队服。

在美国当地时间2002年6月26日的选秀大会上，休斯敦火箭队顺利挑到了中国的中锋姚明，他也成为联盟历史上第一个在首轮第一位被选中的外国球员；被选中的中国小巨人也成为联盟历史上最高的状元秀。姚明加盟休斯敦火箭队后，成为继王治郅和巴特尔之后第三位登陆NBA的中国球员。

7.12.1.4 我国男女篮球在国际大赛中取得的成绩

我国篮球运动在国际大赛中取得的最好成绩如下：

男篮：奥运会第8名（1996年、2004年、2008年）、世锦赛第8名（1994年、2006年）。

女篮：奥运会第2名（1992年）、世锦赛第2名（1994年）。

7.12.1.5 国际篮球大赛

国际篮球大赛：奥运会篮球赛、世界杯篮球赛、亚洲男篮锦标赛、美洲男篮锦标赛、欧洲男篮锦标赛、非洲男篮锦标赛、大洋洲男篮锦标赛等。

7.12.1.6 篮球进入奥运会的时间

1904 年篮球被列入奥运会的表演项目，到 1936 年柏林奥运会，男子篮球成为正式比赛项目，女子篮球到 1976 年蒙特利尔奥运会才成为正式比赛项目。

7.12.1.7 美国职业篮球联赛的成立

美国职业篮球联赛（National Basketball Association，NBA）成立于 1946 年 6 月 6 日，成立时叫美国篮球协会（Basketball Association of America，BAA），是 11 家冰球馆和体育馆的老板为了让体育馆在冰球比赛以外的时间不至于闲置而共同发起成立的。BAA 成立时共 11 支球队，1949 年 BAA 吞并了当时的另外一个联盟 NBL（National Basketball League），并改名为 NBA。

7.12.1.8 什么是 NBA 季前赛

NBA 季前赛是各支球队在 NBA 常规赛季开始前进行的热身赛。NBA 季前赛一般有三大功能：第一，磨合阵容、丰富打法及检验新老球员的竞技状态。第二，预热 NBA 常规赛。最初，季前赛是免费对球迷开放的，近几年来，也开始对外售票。第三，宣传 NBA，扩大海外影响力。

7.12.1.9　什么是 NBA 全明星赛

NBA 全明星赛始于 1951 年 3 月 2 日，每年举行一次。该项比赛每年由观众投票选举出全美最优秀的 24 名职业篮球运动员（东部联盟、西部联盟各 12 名），组成东部队和西部队进行对抗。NBA 全明星赛比赛时双方球员轮流上场，充分表现当选的每个球员的球技，对胜负要求不高。因此，该项赛事开办以来，吸引了世界广大球迷的观赏。

7.12.1.10　冠军的来历

战国时楚国有位大将名为宋义，他骁勇善战，常常打败秦国的强兵，战功为楚国诸将军之冠，将士们都称他为“卿予将军”。到了魏晋至南北朝，冠军成为一种官衔，唐朝还设立“冠军大将军”一职，后来人们将体育比赛第一名也称为“冠军”。

7.12.1.11　参加奥运会的各支球队是如何遴选出来的

以 2020 年东京奥运会为例，2020 年东京奥运会男篮项目共有 12 支球队参加。此次奥运会参赛名额不再根据洲际赛事排名产生，除去东道主，获取奥运会入场券的途径有两条：篮球世界杯和奥运会落选赛。2019 年男篮世界杯赛事作为第 32 届夏季奥运会男篮预选赛的一部分，产生 7 支直通东京的球队，他们是赛事中排名最高的非洲、亚洲、大洋洲球队，以及排名前两位的欧洲和美洲球队。除了以上 7 支球队，排名最高的 16 支球队，将分为 4 个赛区争夺最后 4 张晋级奥运会的门票。

7.12.1.12　国际篮球日

12 月 21 日是国际篮球日，在 1891 年 12 月 21 日举行了首次世界篮球比赛，后来篮球界就将此日定为国际篮球日。

7.12.1.13　篮球比赛中，如果几支球队的积分相同，应如何决定最终名次

在篮球比赛中，若两队的积分相同，就按两队间竞赛的胜负决定，胜队名次列前。若 3 队或 3 队以上积分相同，就按这几个积分相同的队之间竞赛的胜负场次决定，胜场多者名次列前；如胜负场次仍相同，就按他们之间竞赛的得失分率大小决定，得失分率大者名次列前；仍相同，就按他们在全部比赛中的得失分率而定，得失分率大者名次列前。

7.12.1.14　篮球场地、器材

一般篮球场长 28 米，宽 15 米，面积是 420 平方米。篮板横宽 1.80 米，竖高 1.05 米。篮圈内径最小为 0.45 米，最大为 0.459 米，漆成橙色。篮圈顶面成水平，离地板 3.05 米，与篮板两垂直边的距离相等。篮网用白色的细绳结成，悬挂在篮圈上。它的结构要能够使球穿过球篮时有暂时的停顿，网长不短于 0.40 米，不长于 0.45 米。

7.12.1.15　中国篮球运动发展简史

篮球运动传入中国至今已有一百多年，在中国已经成为人们喜闻乐见的社会文化形态，在教育科学领域已成为一门教育学科，在竞技体育范畴内是一项重点发展的竞技运动。

篮球运动传入中国后按照社会变迁及篮球技战术发展和竞赛活动分为三个阶段。

▶ 1895—1949 年为第一阶段

这是篮球传入中国后的第一个阶段，篮球运动主要在天津市、上海市及北京市等有限的城市中开展，男子篮球被列为 1910 年第一届全国运动会的表演项目，1914 年被列为正式比赛项目；女子篮球于 1930 年被列为正式比赛项目。这期间，篮球在广大城乡人民群众中未能得到普及，推广面极窄，竞赛活动较少，国内外比赛成绩反映整体水平较低。

▶ 1949—1995 年为第二个阶段

1949 年后，篮球运动在中国传播、普及、发展进入了一个新阶段。在各级政府的计划和组织下，篮球运动迅速成为广大人民喜闻乐见的体育项目。

20 世纪 50 年代初期，政府主管部门建立了篮球管理机构，倡导“狠、快、准、灵”的技术风格和“以我为主，以攻为主，以快为主”的战术指导思想。随后，通过总结讨论，中国篮球运动确立了“勇猛顽强，积极主动，快速灵活，全面准确”的训练指导思想。

20 世纪 50 年代中期，我国邀请外国专家在上海体育学院招收首批篮球专项研究生班。到了 20 世纪 60 年代中期，中国篮球事业（篮球竞技水平、社会普及性、科学研究及篮球观念与理论体系等）初步形成了自己的特点。历史证明，1949 年后的 17 年是中国篮球事业全面发展提高的 17 年，是中国篮球事业第一个辉煌发展的历史阶段。

20 世纪 70 年代中后期，中国恢复了在国际篮球组织的合法席位，从此走上国际竞技舞台，特别是自 20 世纪 80 年代中期至 90 年代中期，中国篮球事业进一步得到了全面的大普及、大发展、大提高：篮球人口居世界之最；篮球竞技水平有了历史性突破，国家男女队曾接连居亚洲榜首并达到世界先进水平；各类篮球俱乐部相继成立，篮球竞赛的文化氛围和职业化、商业化气息渐浓。

▶ 1996 年至今为第三个阶段

中国篮球协会于 1996 年改革传统的竞赛体制，先后举办了甲 A、甲 B 和乙级队主客场制联赛，逐步向职业化过渡，进而有序地推动篮球运动产业化进程。1997 年篮球运动管理中心成立了。1998 年中国大学生体协推出了中国大学生篮球联赛（Chinese University Basketball Association，CUBA）。这些无疑给中国篮球事业带来了新的生机和活力，中国篮球运动发展进入一个新阶段。

7.12.2 篮球运动的特点

7.12.2.1 集体性特点

篮球运动竞赛过程是以两队成员相互协同攻守对抗的形式进行的。在比赛中，只有整体智慧和技能协同配合，具有和谐互助的团队精神和协作风格，队伍才能获得最佳成效。

7.12.2.2 对抗性特点

篮球运动攻守对抗竞争是在狭小的场地范围内快速、凶悍地近身进行的，要获胜则必须有获球与反获球的追击、抢夺、限制与反限制，拼智、拼技、拼体、拼力，有聪颖的智慧，还要有特殊的体能、剽悍的作风和顽强的意志与必胜的精神。

7.12.2.3　转换性特点

快速转换攻守对抗是现代篮球比赛的重要特点，因为篮球比赛的规则规定以进攻得分多少决定胜负，而进攻又有时间规定，攻后必守，守后必转攻，攻守不断转换，转换又在瞬间，瞬时变化无常，使比赛始终在快速而和谐的高节奏情况下进行，给人以悬念。这不仅增添了观赏者的观赏乐趣，而且使参与者增智养心。

7.12.2.4　时空性特点

篮球比赛在一定的时间内围绕空中的球和球篮展开攻守对抗，因此在比赛过程中的时间观念、空间意识必须强烈，并以智慧运用各种形式、方法和手段去争取时间，搏夺空间优势，从而使比赛更具有时空性要求。

7.12.2.5　增智性特点

现代篮球运动与科学技术的进一步有机融合，加上自身整体的特殊活动形式产生的功效，使其成为社会文明进步和人们喜闻乐见的人文景观。它引发种种有趣的竞技史事和人物故事，给人以观赏赞誉，增智教育，可以成为在不同人群中进行社会性人本教育的直观课程，达到博知广识的目的。

7.12.2.6　综合性特点

篮球运动分类属综合性体育运动，包含着跑、跳、投等身体体能活动，从其本体运动的科学内容体系结构而言，呈现多元化趋势，涉及社会学、人文学、军事学、生物学、科技学、管理学，以及体育学、教育学等，从而有利于广大篮球活动者具有特殊的运动意识、气质、修养、品德、体能、技能和能力，达到健身强体的作用。

7.12.2.7 智艺性特点

现代篮球运动竞技拼争日趋凶悍激烈的基础是智慧、技艺、体能和默契配合的组合，所以具有特殊的观赏性。要想扬长避短、克敌制胜，除需要自身的身材条件、体能素质水平、意志作风等保障外，更需要人文修养、智慧、计谋和精湛的技艺作保障，以此调动对方。所以篮球运动活动过程将使从事者更加聪慧、健壮起来。

7.12.2.8 职业性特点

自20世纪中期美欧国家率先成立职业篮球俱乐部以后，现代篮球运动随着竞技水平的提高以及赛制和规则的完善，创新地在全球蓬勃发展，使运动员的智能，体能，技、战术水平不断提高，对推动职业化进程起到了新的催化作用。至20世纪八九十年代，篮球职业化如雨后春笋在美、欧、澳、亚建立起来，特别是国际奥委会同意职业队员参加国际大赛后，篮球全球职业化已成为一种时尚的产业化趋势，优秀球队和球星效应的社会商业化价值观发生了新的变化，反映出新世纪篮球运动发展的又一新特点。

7.12.3 CBA 文化

（1）中国男子篮球职业联赛，即CBA，英文全称为China Basketball Association，简称中职篮，是由中国篮球协会所主办的跨年度主客场制篮球联赛，是中国最高等级的篮球联赛，培养了如姚明、王治郅、易建联、朱芳雨等球星。

（2）CBA 在 1995—1996 赛季由 555 香烟取得联赛的冠名权，1996—1997 赛季、2000—2001 赛季为希尔顿中国男子篮球甲级联赛，之后摩托罗拉和联通新时空分别取得过联赛的冠名权。联赛在 2005 年正式更名为中国男子篮球职业联赛，2013 年吸收四川队，队伍扩充为 18 支。2014—2015 赛季 CBA 球队数量由 18 支增加到 20 支。

（3）CBA 自每年的 10 月或 11 月开始至次年的 4 月左右结束，时长和美国职业篮球联赛相仿。截至 2020—2021 赛季，CBA 总共有 7 支球队夺得过总冠军。

7. 12. 4　国际篮球联合会简易篮球规则

7. 12. 4. 1　通　则

（1）每一场比赛要打 4 节，每一节 10 分钟。打完第 2 节休息 15 分钟。

（2）打完第 1 节、第 3 节都休息 2 分钟。

（3）比赛由跳球开始。

（4）第 3 节开始时球队交换场地。

（5）当球中篮，视为得分。

从 2 分投篮区域出手投篮，计 2 分。

从 3 分投篮区域出手中篮，计 3 分。

一次罚球出手中篮，计 1 分。

（6）每队在第 1 节和第 2 节共有 2 次暂停机会，在第 3 节和第 4

节有2次暂停机会。暂停时间为1分钟。

（7）当球成为死球，就是没有人在场上打球时可以替换队员，替换人数次数不限。

（8）在比赛开始时间15分钟内，球队不到场或不能使5名队员入场准备比赛，就是弃权，另一个到场队伍自动得20分获胜。

（9）当比赛时间走完，就是比赛结束，比分多的一队获胜。

7.12.4.2 违例

（1）在比赛中，球只能用手打，球可向任何方向传、投、拍、滚，但只能用手。

（2）比赛队员拿着球跑，故意用腿踢球，这样是违例的，违例后就让另一队发球。

（3）队员故意用拳头打球，这是违例，违例后让另一队发球。

（4）当球出篮球场边线，就是违例，违例后让另一队在出场地边线地点发球。

（5）当队员在拍球后把球拿起来之后再拍球，或者用两只手一起拍球，这样就是“两次运球”，这是违例的，违例后让另一队发球。

（6）当队员没有拍球，拿着球两只脚都走动了，这样就是走步违例，违例后让另一队发球。

（7）当一队队员在8秒的时间内没有把球运过或者传过中线，就是8秒违例，违例后让另一队发球。

（8）当一队进攻，从场内队员碰到球开始计算24秒，24秒内没有把球投出去让球触及篮圈或进入球篮，就是24秒违例，违例后让另一队发球。

（9）当一队进攻，将球运过中线后，不可以再主动把球运回后半场，这是回场违例，违例后让另一队发球。

（10）队员在发球时，发球队员拿球不可以超过 5 秒。超过 5 秒还没把球发出去就是违例，违例后换另一队发球。

7.12.4.3 犯 规

（1）当一个队员投篮，另一队的队员犯规时，投篮队员要进行罚篮。

（2）场上所有队员都不能用手推另一队的队员，这是推人犯规，推人后另一队发球或者罚球。

（3）场上防守队员不可以移动着去阻挡对方进攻队员行进路线并发生身体接触，这样是阻挡犯规，阻挡后另一队发球或罚球。

（4）场上队员不可以用手拉另一队队员，这是拉人犯规，拉人后另一队发球或者罚球。

（5）场上队员不可以伸腿绊、挡其他队员，这是犯规，特别严重的是违反体育运动精神的犯规，犯规后另一队发球或罚球。

（6）当一队队员发生故意犯规，而且对其他队员有人身伤害，是违反体育运动精神的犯规。违反体育运动精神的犯规发生时，被犯规队员进行两次罚球加一次发球。队员罚球时，其他所有队员都不能进 3 分线。

（7）当有队员、教练员、替补队员顶撞、冲突、谩骂裁判员时，记为一次技术犯规。

7.12.5 奥运会篮球发展历史

1932 年国际业余篮球联合会在瑞士成立了。1936 年在第 11 届奥运会上，男子篮球被列为正式比赛项目。除奥运会举行篮球赛外，第1届世界男子、女子篮球锦标赛分别在1950年、1953年举行，以后每4年举行1次世界男子、女子篮球锦标赛，每2年举行1次各大洲篮球锦标赛。在美国，篮球很快被人们所接受。当时所采用的水果篮、足球和9人制赛规现在已经不存在了，但原来3.05米（10英尺）的篮筐高度和其他一些规则保留了下来。

1895年美国各大学开始把篮球作为一项竞技运动，1898年成立了第一个职业联盟。篮球比赛从1904年圣路易斯奥运会开始成为表演项目，直到1936年的柏林奥运会才成为正式比赛项目。

而女子篮球直到1976年的第21届蒙特利尔奥运会才成为正式的比赛项目。回顾奥运会篮球的发展，国际篮球联合会原秘书长斯坦科维奇曾说过：“1936年在篮球史上应大书一笔。”毫无疑问，篮球项目能登上奥运会竞技舞台，对于篮球运动的发展具有里程碑的意义。在第11届柏林奥运会上，共有来自北美洲、南美洲、亚洲、欧洲和非洲的21支球队参加了篮球比赛，成为当时柏林奥运会团体比赛项目中参赛队伍最多的一个项目，显示了篮球运动的巨大魅力。

当然，这届奥运会篮球比赛的水平还不高，最后的总决赛是在美国队和加拿大队之间进行的，两队的比赛结果是19:8，美国队获得了奥运会首届篮球比赛的冠军。中国著名篮球裁判员舒鸿先生担任了本场比赛的临场裁判工作。时至今日，虽然奥运会篮球比赛只设男、女2个团体项目，各有金、银、铜3枚奖牌，但各国都非常重视奥运会的篮球比赛，可以说奥运会篮球比赛已成为当今世界篮球大赛中最重要的赛事。

从历届奥运会篮球比赛来看，世界强队多集中在欧美，美国男、女篮尤为突出。美国篮球依然保持着领先地位，但随着1992年允许职业选手参赛和美国职业篮球联赛推行的球员国际化战略，一些世界级的强队与他们的差距正在缩小。谁是奥运会男篮冠军，已从以往的没有悬念发展到现在的扑朔迷离。

7.12.6　篮球世界杯发展史

国际篮球联合会1948年在伦敦奥运会篮球赛期间举行代表大会，作出了举办世界男子篮球锦标赛的决定。阿根廷对组建初期会遇到的一些困难的解决方案得到国际篮球联合会认可，因此，国际篮球联合会决定首次世界男子篮球锦标赛于1950年10月22日—11月3日在阿根廷首都布宜诺斯艾利斯举行。首届锦标赛参加队由1948年奥运会前三名，主办国，亚洲、欧洲以及南美洲最好的两支球队组成。国际篮球联合会在1950年首届锦标赛期间，还作出了设立奈史密斯杯为世界冠军杯的决定，以纪念这位篮球发明人，但该奖杯直到1967年的世锦赛上才首次颁给世界冠军队。历届的参加办法也不完全相同，如2010年世界男子篮球锦标赛有24支球队参加，奥运冠军和东道主直接获得参赛名额，然后通过资格赛，欧洲产生6支球队，美洲产生4支球队，亚洲和非洲分别产生3支球队，大洋洲产生2支球队，最后再由国际篮球联合会发的外卡中产生最后4支球队。

2012年1月28日，国际篮球联合会正式对外宣布，每4年举行的世界男子、女子篮球锦标赛将更名为篮球世界杯（Basketball World Cup），首届男篮世界杯2014年在西班牙举行。该届比赛共有32支球队参赛，其中东道主西班牙队和美国队自动获得参赛名额，其他22个名额从各大洲预选赛产生。最后美国以129∶92大胜塞尔维亚37分夺冠。

7.12.7 篮球技术发展历程

篮球运动技术是进行篮球比赛所必需的专门动作和方法的总称，包括传接球、运球、投篮、突破、防守、抢篮板球等攻防两大类两百多个动作方式。它是在长期运动实践的基础上产生出来的，是人们对篮球运动技术的归纳与总结，是一定时期内人们对篮球运动所表现出的“攻守对抗矛盾、技战术矛盾、规则与技战术矛盾”的对立统一。

篮球运动始于1891年，至今已有100多年的历史。人们为了适应日益激烈的攻守对抗，想尽了各种方法，在原有的基础上进行技术动作的创新，以适应篮球比赛攻守对抗的激烈化程度。如投篮动作的演变就经历了几个阶段：原地单手胸前投篮—原地单手肩上投篮—跳投—扣篮—空中接力扣篮；运球突破技术动作从原地、行进间运球，变速，体前换手变向，胯下、背后变向，逐步发展到胯下运球接背后运球再接急停跳投等综合性技术。这些技术的创新与发展以篮球运动实践为基础，以人们逐渐认识篮球运动的发展规律及本质为前提，不断推动着篮球运动技术的向前发展。

现代篮球运动技术拥有以下特点。

(1) 动作速度快：现代篮球运动的速度之快是前所未有的，各种快速的运动、快速的攻守转换、快攻等，大大加快了篮球运动的节奏。然而，还有一层速度变化的含义，这就是表现在技术动作上的速度。这一点，我们从高水平运动员的技术动作上最易见到。动作速度是现代篮球运动激烈对抗之必需。篮球运动攻守对抗的实质是时空上的对抗，任何一个技术动作只有在时空上获得优势才能取得动作的胜利。

在投篮技术方面，运动员想达到投篮的目的，必须创造一个良好的投篮时机，即适宜投篮的时空条件。然而，随着现代防守技术的提高，投篮者很难找到无干扰的投篮时机。因此，进攻者要想在有防守情况下完成投篮动作，多数情况下都要通过速度变化来创造投篮的时空条件，缩短时间过程，所以在现代篮球运动中，运动员的投篮动作普遍表现为迅速、突然，投篮的准备过程与完成动作的时间短。

（2）对抗力量强：力量对篮球技术的影响极其重要，在规则允许范围内的身体接触日趋激烈，必然要求现代篮球运动具有比以往更加充实的专项力量，在技术动作上越来越重视专项力量的发展。近年来，世界高水平运动队已经越来越重视发展力量，运动员的各种技术动作已越来越适应对抗环境。相反，没有足够的力量作保证，就谈不上技术动作的质量。

（3）技术幅度大：篮球运动技术发展的一个重要标志就是动作幅度由小到大的变化。特别是投篮技术尤为明显，先后经历了双手低手投篮、双手胸前投篮、双手头上投篮、单手肩上投篮、单手头上投篮，直至目前少数人应用的跑投、抛投等。不难看出，投篮出手点从低到高不断增加，大大提高了动作幅度。

投篮是篮球技术中的核心技术，它的发展变化一方面受到其他技术（特别是防守技术）的左右，另一方面也最能影响其他技术的发展变化。由投篮技术的发展我们也可以看到其他技术的发展规律，动作幅度大已成为篮球运动发展到一定阶段的高级表现形式。

（4）变化形式多：现代篮球运动实践表明，运动员在激烈的对抗中不仅要具有全面的身体素质，还必须具有随机、灵活的动作变换能力，简单的动作过程已无法适应对抗要求。对抗必然促进技术的发展和提高，而技术的发展又加剧了对抗程度。“变化形式多”的技术特点同其他特点一样，都是各种技术动作在激烈的攻守对抗中不断发展、适应的结果。二者互为促进，使篮球运动不断向更高的水平发展，使比赛更激烈、更精彩。

参考文献

[1] 刘晓华,胡波,李图南. 首都体育学院“高参小”课程开设情况及影响因素研究[J]. 运动,2017(21):49－51,20.

[2] 丁传伟,李晓萌. 对“高参小”武术项目开展现状调查的研究:以首都体育学院参与海淀民族小学为例[J]. 中国学校体育(高等教育),2016(7):59－66.

[3] 刘晓华,霍笑敏,谭博. 首都体育学院“参与小学体育发展”工作实践研究:以北京市体育馆路小学为例[J]. 运动,2016(4):43－44,81.

[4] 文迎亚.“高参小”背景下北体大参与小学体操教学的调查研究[D]. 北京:北京体育大学,2017.

[5] 杨辉. 北京体育大学高参小实习田径教师教学组织能力影响因素研究[D]. 北京:北京体育大学,2017.

[6]李海强. 对首都体育学院大学生执教能力现状及培养的研究[D]. 北京:首都体育学院,2017.

[7] 陈钧,文世林,马克,等. 北京市城区学生体质健康现状研究:以首都体育学院“高参小”项目结对小学为例[J]. 体育教学,2017(12):20－24.

[8] 孟巧月. 高参小排球项目推广的SWOT分析[J]. 运动,2018(3):92,98.

[9]宗瑶. 北京市中小学学校体育现状调查及对策研究[D]. 北京:北京体育大学,2010.

[10]高存芹. 小学课外篮球活动的开展与组织[J]. 教育科研论坛,2009(4):33－34.

[11]孔庆成．以女带男，以男促女，共同提高：谈学生篮球的业余训练[J]．牡丹，2015(24)：155－156.

[12]刘长青．济南市中学生课余篮球训练的现状及对策研究[D]．长春：东北师范大学，2008.

[13]林屹．成都市小学篮球运动训练现状分析与对策研究[D]．成都：四川师范大学，2010.

[14]张博，何进良．对我国青少年篮球运动员训练的探讨[J]．沈阳体育学院学报，2002(3)：80－83.

[15]冯学强，高凯．课余运动训练现状及发展对策研究[J]．北京印刷学院学报，2005(2)：77－78.

[16]杨晓娅．论如何加强少年篮球运动员篮球意识的培养[J]．读写算(教育教学研究)，2010(7)：58.

[17]万季愉．少儿篮球队员的心理训练[J]．贵阳学院学报(自然科学版)，2006(4)：49－52.

[18]梁平，陈轩昂．中小学篮球教学中易发生的伤害事故的原因及防治[J]．体育教学，2001(1)：55.

[19]秦鑫．试论小学篮球训练方法[J]．当代体育科技，2015(12)：33－34.

[20]李孟军．在少儿篮球训练中易忽视的一些问题[J]．内江师范学院学报，2004，19(2)：114－116.

[21]潘绍伟，于可红．学校体育学[M]．北京：高等教育出版社，2005.

[22]金钦昌．学校体育学[M]．北京：高等教育出版社，1994.

[23]王珊珊．高校"体育教学俱乐部"模式的探索与重构[D]．福州：福建师范大学，2009.

[24]李彬．济南市中学生参与课外篮球活动现状的调查与研究[J]．山东体育科技，2010(3)：79－81.

[25]蒋星武．体育新课程下道县中学课余篮球活动现状调查分析[J]．运动，2013(20)：89－90.

[26]王岩慧．山东省滨州市区初中课外篮球活动开展现状及发展对策研究[D]．北京：首都体育学院，2012.

[27]马国强．南京市学生篮球活动现状调查与发展对策研究[J]．当代体育科技，2012(34)：85－86.

[28]周永红．浅谈中学课外篮球运动的开展形式与方法[J]．宿州师专学报，2000(2)：115－116.

附　录

附录1　“‘北京市高等学校参与小学体育发展工作（高参小）’中‘高’‘小’合作模式化研究”的调查问卷（学生）

亲爱的学生：

你好！

为了了解你对“高参小”活动的喜爱程度，请你帮我填写这份问卷，你的回答对我们的研究工作十分重要，谢谢你的协助！

“高参小”项目工作组

请在要选择的方框内画“√”。

1. 你是：□男孩 □女孩

2. 你所在的年级是：□一年级 □二年级

3. 你每周参加课外体育活动次数是：

□1～2 次 □2～3 次 □3～4 次 □4～5 次

4. 你是否喜欢参加课外体育活动？

□喜欢（选择此项请填写下一题）□不喜欢（选择此项请跳过下一题）□无所谓（选择此项请填写下一题）

5. 你觉得课外体育活动的时长适合你吗？

□合适 □太短 □太长 □无所谓

6. 如果你选了不喜欢，你的原因是：

□不喜欢运动 □太累 □活动安排没意思

□不喜欢这学期的项目 □都不是

7. 这学期课外体育活动的项目是：（可以多选）

□篮球 □足球 □排球 □武术 □健身操 □乒乓球

□跆拳道 □啦啦操 □旱地冰球 □田径 □其他

8. 你是否还参加过学校组织的其他体育活动？

□参加过 □没参加过

9. 你还参加过什么活动呢？

□去校外看比赛 □校内嘉年华 □校运动队

□学校运动会 □学校内竞赛 □展示表演 □其他

10. 你的家长是否支持你参与学校内的体育活动？

□支持 □不太支持 □不支持

11. 你对校外教师在活动中的态度评价？

□和蔼可亲 □耐心指导 □平易近人 □从不关心

12. 校外教师的指导你觉得适合你吗?

□适合 □不适合 □说不清

13. 你觉得校内体育活动的好处有哪些?(多选)

□增强身体素质 □增强心理素质 □提高交际能力

□培养团队意识 □加强竞争意识 □其他

谢谢你的回答,祝你学习进步!

附录2 “‘北京市高等学校参与小学体育发展工作（高参小）’中‘高’‘小’合作模式化研究”的调查问卷（结对学校教师）

教师：

您好！

我们是首都体育学院关于“‘北京市高等学校参与小学体育发展工作（高参小）’中‘高’‘小’合作模式化研究”项目组，目前正在研究上述课题，为了深入了解高校参与小学体育工作开展的现状，探求高校与小学合作发展的模式，我们特设计了此问卷，并请您协助填写。您的回答将对我们的研究结果起着关键作用，我们对您的帮助表示诚挚的感谢！

“高参小”项目工作组

填写说明：

1. 请您根据实际情况在符合您的选项上打“√”或在横线上填写相应内容。

2. 凡标注可多选的均为多选题，未特别标明的则为单选题。

基本情况：

您的学校：____________　您的职务：____________

您是否是专职体育教师：

对“高参小”项目的观点：

1. “高参小”项目为贵校开展的工作有哪些：（可多选）

□课程教学 □课外体育活动 □社团建设 □教育科研 □校园文化建设 □教师培训 □其他：请注明____________

2. “高参小”项目工作组在您所在的小学开展课程教学的方式是：

□仅兼职教师授课 □兼职教师和小学教师配合上课

3. “高参小”项目工作组在您所在的小学开设了____门体育课程（含校本课程），请写出开设的课程名称：____________

4. “高参小”项目工作组在您所在的小学进行的课程教学涵盖的学生范围是：（可多选）

□一年级 □二年级 □三年级 □四年级 □五年级 □六年级

5. “高参小”项目工作组在您参与的结对小学帮助开展课外体育活动的学年分别是：（可多选）

□2014—2015 学年 □2015—2016 学年 □2016—2017 学年（上学期）

6. “高参小”项目工作组在您参与的结对小学开展课外体育活动的方式是：

□仅兼职教师授课 □兼职教师和小学教师配合上课

7. “高参小”项目工作组在您所在的结对小学帮助指导的课外体育项目有：（可多选）

□足球 □篮球 □排球 □体操 □田径 □武术 □体能训练

□体育游戏 □其他：（请填写）____________

8. “高参小”项目工作组在您参与的结对小学进行的课外体育指导工作涵盖的学生范围是：（可多选）

□一年级 □二年级 □三年级 □四年级 □五年级 □六年级

9. “高参小”项目工作组在您所在的结对小学帮助开展社团建设的学年分别是：（可多选）

□2014—2015 学年 □2015—2016 学年 □2016—2017 学年（上学期）

10. “高参小”项目工作组在您参与的结对小学开展社团活动的方式是

□仅兼职教师授课 □兼职教师和小学教师配合上课

11. “高参小”项目工作组在您所在的结对小学帮助指导的体育社团有：（可多选）

□足球社团 □篮球社团 □排球社团 □健美操社团（含啦啦操）□田径社团 □武术社团 □体育舞蹈社团 □游泳社团 □其他：（请填写）____________

12. “高参小”项目工作组在您所在的结对小学帮助新组建的体育社团有哪些？

（请填写）____________

13. “高参小”项目工作组在您参与的结对小学进行的体育社团指导工作涵盖的学生范围是：（可多选）

□一年级 □二年级 □三年级 □四年级 □五年级 □六年级

14. “高参小”项目工作组在您所在的结对小学帮助开展教育科研的学年分别是：（可多选）

□2014—2015 学年 □2015—2016 学年 □2016—2017 学年（上

学期）

15. “高参小”项目工作组在您所在的结对小学进行教育科研的形式和数量：（可多选，并填写数量）

□校本教材____本 □课程改革方案____份 □课题立项____项 □视频光盘____碟 □科研论文____篇 □其他科研形式____

16. 您是否参与过“高参小”项目工作组的教育科研活动：

□参与过 □没参与过

17. 您认可下列是“高参小”项目工作组进行的校园体育物质文化建设工作的是：（可多选）

□场地 □器材 □宣传设施 □体育资料

18. 您认可下列是“高参小”项目工作组进行的校园体育精神文化建设工作的是：（可多选）

□体育观念 □体育知识 □体育道德 □体育精神 □体育标识

19. 您认可下列是“高参小”项目工作组进行的校园体育制度文化建设工作的是：（可多选）

□运动会 □体育传统 □体育社团 □单项竞赛 □体育文化活动

20. 您认为参加“高参小”项目兼职教师培训之后的收获是：（可多选）

□更清楚自身在“高参小”项目中的角色 □责任心、使命感的增强 □理论水平的提高 □教学实践能力的提高 □对学生身心特点更加了解 □对小学体育课堂教学更熟悉

21. 您认为“高参小”项目工作组开展至今的优势有哪些：（可多选）

□教育资源丰富 □体育科研成果丰富 □强大的教师和专家团队 □高质量的教师培训 □其他

22. 您认为“高参小”项目开展至今的不足有：(可多选)

□兼职教师对学生身心特点不够了解 □开展的教学内容不合适 □兼职教师缺乏管理经验 □兼职教师经常调换课程 □兼职教师教学创新意识较差 □兼职教师科研主动性较差 □其他

23. 您认为“高参小”项目面临哪些困难：(可多选)

□兼职教师管理较为困难 □体育活动场地不足 □高校和小学沟通配合上存在困难 □其他

问卷结束，感谢您的协助！

附录3 “‘北京市高等学校参与小学体育发展工作（高参小）’中‘高’‘小’合作模式化研究”的调查问卷（兼职教师）

教师（学生）：

您好！

我们是首都体育学院关于“‘北京市高等学校参与小学体育发展工作（高参小）’中‘高’‘小’合作模式化研究”项目组，目前正在研究上述课题，为了深入了解高校参与小学体育工作的开展的现状，探求高校与小学合作发展的模式，我们特设计了此问卷，并请您协助填写。您的回答将对我们的研究结果起着关键作用，我们对您的帮助表示诚挚的感谢！

“高参小”项目工作组

填写说明：

1. 请您根据实际情况在符合您的选项上打√或在“____”上填写相应内容。

2. 凡标注可多选的均为多选题，未特别标明的则为单选题。

基本情况

1. 您的性别____，年龄____岁。

2. 您是以下列哪类身份参与“高参小”项目的？

□首都体育学院教师 □在校硕士研究生 □在校本科生

3. 您是否已经取得《中华人民共和国教师资格证书》？

□是 □否

4. 您取得的《中华人民共和国教师资格证书》是以下哪个等级？

□高级中学及以上 □初级中学 □小学 □幼儿园

5. 您的运动技术等级是：

□国家健将 □国家一级 □国家二级 □国家三级 □无运动等级

6. 您的教龄是：

□5 年以内 □6～10 年 □11～15 年 □16～20 年 □20 年以上

7. 您的最高学历是：（正在攻读的算已获得）

□博士研究生 □硕士研究生 □本科 □专科及以下

参与“高参小”项目的情况

8. 您所在的结对学校教研团队参与的工作有：（可多选）

□学科教学 □课外体育活动 □社团建设 □教育科研 □校园文化建设 □教师培训 □其他：请注明__________

9. “高参小”项目工作组在您参与的结对小学开展学科教学的学年分别是：（可多选）

□2014—2015 学年 □2015—2016 学年 □2016—2017 学年（上学期）

10. “高参小”项目工作组在您参与的结对小学开展学科教学的方式是：

□仅兼职教师授课 □兼职教师和小学教师配合上课

11. “高参小”项目工作组在您参与的结对小学开设了____门体育课程（含校本课程）。

请写出开设的课程名称__________

12. “高参小”项目工作组在您参与的结对小学帮助开展课外体育活动的学年分别是：（可多选）

□2014—2015 学年 □2015—2016 学年 □2016—2017 学年（上学期）

13. “高参小”项目工作组在您参与的结对小学开展课外体育活动的方式是：

□仅兼职教师授课 □兼职教师和小学教师配合上课

14. “高参小”项目工作组在您所在的结对小学开展课外体育项目有：（可多选）

□足球 □篮球 □排球 □体操 □田径 □武术 □体能训练

□体育游戏（请填写）□其他

15. 您是否参与过“高参小”项目工作组的教育科研活动：

□参与过 □没参与过

16. 您认可下列哪些是“高参小”项目工作组进行的校园体育物质文化建设工作：（可多选）

□场地 □器材 □宣传设施 □体育资料

17. 您认可下列哪些是“高参小”项目工作组进行的校园体育精神文化建设工作：（可多选）

□体育观念 □体育知识 □体育道德 □体育精神 □体育标识

18. 您认可下列哪些是“高参小”项目工作组进行的校园体育制度文化建设工作：（可多选）

□运动会 □体育传统 □体育社团 □单项竞赛 □体育文化活动

19. 您认为参加“高参小”项目兼职教师培训之后的收获是：（可多选）

□更清楚自身在“高参小”项目中的角色 □责任心、使命感的增强 □理论水平的提高 □教学实践能力的提高 □对学生身心特点更加了解 □对小学体育课堂教学更熟悉

20. 您认为“高参小”项目开展至今的优势有哪些：（可多选）

□教育资源丰富 □体育科研成果丰富 □强大的教师和专家团队 □高质量的教师培训 □其他：__________

21. 您认为在参与“高参小”项目工作中的困惑有哪些：（可多选）

□兼职教师对学生身心特点不够了解 □开展的教学内容不合适 □兼职教师缺乏管理经验 □兼职教师经常调换课程 □兼职教师教学创新意识较差 □兼职教师科研主动性较差 □其他：__________

22. 您认为“高参小”项目面临哪些困难：（可多选）

□兼职教师管理较为困难 □体育活动场地不足 □高校和小学沟通配合上存在困难 □其他：__________

问卷结束，感谢您的协助！

附录4 “‘北京市高等学校参与小学体育发展工作（高参小）’中‘高’‘小’合作模式化研究”的问卷专家效度检验表

尊敬的专家：

您好！

我们是首都体育学院“‘北京市高等学校参与小学体育发展工作（高参小）’中‘高’‘小’合作模式化研究”项目组，目前正在研究上述课题，为了深入了解高校参与小学体育工作的开展现状，探求高校与小学合作发展的模式，我们特设计了面向“兼职教师、学生和结对学校教师”发放的问卷，为了确保问卷的可行性、科学性和有效性，我们诚邀您对上述问卷进行效度检验，您的意见对我们研究结果的形成非常重要，在此，我们对您给予的帮助表示诚挚的感谢！

“高参小”项目工作组

1. 专家信息

姓名：

职称：

单位：

2. 您对问卷的总体评价（请在相应的位置用“√”勾选）

2.1　结对小学教师问卷效度检验表（是否适合受测对象）

	非常适合	适合	一般	不太适合	不适合
结构					
内容					
总体效度					

2.2　兼职教师问卷效度检验表（是否适合受测对象）

	非常适合	适合	一般	不太适合	不适合
结构					
内容					
总体效度					

2.3　学生问卷效度检验表（是否适合受测对象）

	非常适合	适合	一般	不太适合	不适合
结构					
内容					
总体效度					

3. 请您提出修改建议

感谢您的支持和帮助！

附录5 “‘北京市高等学校参与小学体育发展工作’项目中‘高’‘小’合作的评价体系”的专家咨询表

尊敬的专家：

您好！

首先感谢您在百忙之中抽出时间对“‘北京市高等学校参与小学体育发展工作’项目中‘高’‘小’合作的评价体系”提出宝贵意见。我们进行问卷调查的目的是拟确定北京市“高参小”项目体育发展工作中高校和小学合作的评价指标。调查问卷分为两个部分：第一部分为专家基本情况调查表；第二部分是一、二、三级指标判定表。问卷调查的结果，我们将严格保密，不会对外公开。

感谢您对本课题研究的支持和帮助，祝您工作顺利！

“高参小”项目工作组

第一部分　专家基本情况调查表

填表说明：

下表是拟定的专家基本情况调查表，请您逐栏填写，该问卷所获得的信息仅作本课题研究所用，不对外公开，严格保密。填表时，对应每一项判断依据，在您认为恰当的栏内打“√”，每种判断依据影响程度不能重复打“√”。

<table>
<tr><td colspan="2">您的职称：</td><td colspan="2">您的职务：</td></tr>
<tr><td colspan="4">以下内容请在相应的栏内打“√”</td></tr>
<tr><td rowspan="2">指标判断的依据</td><td colspan="3">依据程度（专家自我评价）</td></tr>
<tr><td>大</td><td>中</td><td>小</td></tr>
<tr><td>理论分析</td><td></td><td></td><td></td></tr>
<tr><td>工作经验</td><td></td><td></td><td></td></tr>
<tr><td>参考国内外文献</td><td></td><td></td><td></td></tr>
<tr><td>直觉判断</td><td></td><td></td><td></td></tr>
<tr><td colspan="4">以下内容请在相应的栏内打“√”</td></tr>
<tr><td colspan="4">内容的熟悉程度　很熟悉：　熟悉：　了解：　不清楚：</td></tr>
</table>

第二部分 “‘北京市高等学校参与小学体育发展工作’项目中‘高’‘小’合作的评价体系”指标咨询表

填表说明：

下表是“‘北京市高等学校参与小学体育发展工作’项目中‘高’‘小’合作的评价体系”指标的草案，按其重要程度分为5个等级：很重要、重要、一般、不重要、很不重要，并相应赋予9、7、5、3、1的分值。请您在您认为合适的栏内打“√”；若您认为该项指标描述不准确或者应该删除，请在“修改意见”栏内修改或注明；若您认为我们还有未考虑到的、需要增加的项目，请在空白栏内补充，修改或补充的指标请同样判断其重要程度，在其后以“分值”的形式反馈。下表分别是一级指标、二级指标和三级指标的咨询表。

“‘北京市高等学校参与小学体育发展工作’项目中‘高’‘小’合作的评价体系”一级指标咨询表

一级指标	重要程度及相应分值					修改意见
	很重要	重要	一般	不重要	很不重要	
	9	7	5	3	1	
A1 管理机构						
A2 工作内容						
A3 人员情况						
A4 信息情况						

“‘北京市高等学校参与小学体育发展工作’项目中‘高’‘小’合作的评价体系”二级指标咨询表

一级指标	二级指标	重要程度及相应分值					修改意见
		很重要	重要	一般	不重要	很不重要	
		9	7	5	3	1	
A1 管理机构	B1 市级						
	B2 校级						
	B3 二级学院						
	B4 专设部门						
	B5 兼职校长						
	B6 小学管理						

续表

一级指标	二级指标	重要程度及相应分值					修改意见
		很重要	重要	一般	不重要	很不重要	
		9	7	5	3	1	
A2 工作内容	B7 校本课程						
	B8 社团建设						
	B9 科研服务						
	B10 体育文化						
	B11 教师培训						
	B12 课外体育活动						
	B13 运动队训练						
A3 人员情况	B14 人员构成						
	B15 资质情况						
	B16 培训情况						
	B17 履职情况						
A4 信息情况	B18 内部沟通						
	B19 外部宣传						
	B20 上传下达						
	B21 内部宣传						

“‘北京市高等学校参与小学体育发展工作’项目中‘高’‘小’合作的评价体系”三级指标咨询表

一级指标	二级指标	三级指标	重要程度及相应分值					修改意见
			很重要	重要	一般	不重要	很不重要	
A1 管理机构	B1 市级	C1 机构设置						
		C2 管理程序						
	B2 校级	C3 机构设置						
		C4 管理程序						
	B3 二级学院	C5 机构设置						
		C6 管理程序						
		C7 管理事务						
	B4 专设部门	C8 管理实务						
		C9 管理程序						
	B5 兼职校长	C10 管理事务						
		C11 管理程序						
	B6 小学管理	C12 管理事务						
		C13 管理程序						
A2 工作内容	B7 校本课程	C14 开发数量						
		C15 涉及项目情况						
		C16 开发教材情况						
		C17 辅助材料情况						
		C18 惠及学生数量						

续表

一级指标	二级指标	三级指标	重要程度及相应分值					修改意见
			很重要	重要	一般	不重要	很不重要	
		C19 开展周学时						
	B8 社团建设	C20 开发数量						
		C21 涉及项目情况						
		C22 惠及学生数量						
		C23 有否书面方案						
		C24 开展周学时						
	B9 科研服务	C25 课题研究情况						
		C26 发表论文情况						
		C27 学位论文选题情况						
	B10 体育文化	C28 名人进校园						
		C29 体育节						
		C30 嘉年华活动						
		C31 校园设施建设						
		C32 竞赛活动						
		C33 训练营						
		C34 探访高校校园						
		C35 其他						
	B11 教师培训	C36 兼职教师实践培训						
		C37 兼职教师理论培训						

续表

一级指标	二级指标	三级指标	重要程度及相应分值					修改意见
			很重要	重要	一般	不重要	很不重要	
		C38 小学教师实践培训						
		C39 小学教师理论培训						
	B12 课外体育活动	C40 开发数量						
		C41 涉及项目情况						
		C42 惠及学生数量						
		C43 有否书面方案						
		C44 开展周学时						
	B13 运动队训练	C45 开发数量						
		C46 涉及项目情况						
		C47 惠及学生数量						
		C48 有否书面方案						
		C49 开展周学时						
A3 人员情况	B14 人员构成	C50 来源构成						
		C51 年龄情况						
		C52 学历情况						
		C53 运动等级情况						
		C54 教学经历情况						
	B15 资质情况	C55 持证情况						
	B16 培训情况	C56 参与次数						

续表

一级指标	二级指标	三级指标	重要程度及相应分值					修改意见
			很重要	重要	一般	不重要	很不重要	
		C57 参与形式						
		C58 考核情况						
	B17 履职情况	C59 请假情况						
		C60 换课情况						
		C61 按时出勤情况						
		C62 周学时情况						
A4 信息情况	B18 内部沟通	C63 消息推送情况						
		C64 消息推送媒介						
		C65 消息推送时效						
	B19 外部宣传	C66 消息推送情况						
		C67 消息推送媒介						
		C68 消息推送时效						
	B20 上传下达	C69 消息传达时效						
		C70 消息传达途径						
		C71 上报消息时效						
		C72 上报消息途径						
	B21 内部宣传	C73 消息推送情况						
		C74 消息推送媒介						
		C75 消息推送时效						